프랑스 문화와 상상력

차례
Contents

프랑스 문화에의 접근

'모든 지식의 대학'

새 천년 이후로 끊임없이 화두로 등장하는 말이 있다. 바로 '문화'라는 단어이다. 국내의 모든 대학 학과의 명칭에 문화가 붙고 — 역사 문화학과, 한국 문화학과, 프랑스 문화학과 등등 — 또한 모든 대학 교양 강의에 빠지지 않고 들어가는 것이 문화 강좌 프로그램이다. 21세기의 한국 사회는 문화 몸살을 앓고 있다고 해도 과언이 아니다.

우리는 특정한 국가의 문화를 한마디로 정의하는 경우를 종종 본다. 캐나다의 문화는 모자이크 문화라 명명하며, 미국의 문화는 'melting pot'이라 칭하기도 한다. 주로 유럽인의 이

민에 의해 발전하기 시작한 캐나다를 모자이크 문화라 부르는 이유는 여러 문화가 자신의 고유성을 지닌 채 공존하고 있기 때문일 것이다. 그에 비하면 미국의 '용광로'란 이미지는 매력적이다. 무엇인가 녹이면 융합이 잘 될 것 같은 형상이기 때문이다. 미국 역시 이민을 바탕으로 시작된 나라이기에 다양한 인종이 저마다의 풍습을 지니고 그 땅에 들어왔을 것이다. 그렇게 들어온 이질적인 문화를 용광로에 넣어 융화시키는 것이다. 그래서 초기 미국 사회는 어떤 지역 출신이든, 무슨 문화를 접했던 사람이든 모든 이민자들에게 기회가 균등하게 주어지는 약속의 땅이라 알려졌고 그 약속이 비교적 잘 지켜지는 천국이기도 했다.

한편 한 프랑스 연구가는 프랑스에서 외국인의 수용 상태를 미국의 'melting pot'에 견주어 'melting potes'라는 말로 표현하고 있다. 불어에서 'pote'란 친한 친구를 의미하는 어휘로, 프랑스에서의 외국인에 대한 전체적인 분위기가 비교적 우호적이라는 점, 즉 용광로의 긍정적인 면을 지적하고 있는 것이다. 사실 유럽 전체에서 프랑스만큼 중앙집권화가 일찍부터 이루어진 나라는 없다. 그러나 그와 동시에 프랑스에는 정치적인 망명자의 숫자도 많다는 사실에 주목해야 한다. 왜냐하면 프랑스에는 위에서 언급한 용광로의 표준화라든지 규격화가 자리잡을 수 있는 풍토가 없기 때문이다. 드골 대통령이 말했듯이 "세계에서 가장 통치하기 어려운 나라"가 프랑스이다. 그래서 국민의 숫자만큼, "5천 8백만 명의 개인으로 나뉘어 있다"라는 표현이 있을 정도로 개인의 존재가 강조되는 나라인 것이다.

우리가 프랑스에 대해 갖고 있는 이미지 역시 개인에 따라서 다양하다. 사실 프랑스는 문화·예술에 관련된 산업에서 좋은 이미지를 지니고 있으며, 그 이미지를 등에 업은 프랑스 브랜드의 고급 사치품들은 세계시장에서 대단히 긍정적인 반응을 얻고 있다. 프랑스 의상, 프랑스 향수, 프랑스 포도주 등 낭만주의적인 프랑스의 이미지는 프랑스의 한쪽 면만을 부각시킨 것이다. 또 다른 한쪽의 프랑스는 합리성의 나라이며 철저하게 이성 중심의 국가이다.

새 천년을 앞두고 많은 국가들이 축제 분위기에 젖어 있을 때 1996년 3월 퐁피두 센터 관장으로 임명된 장 자크 엘라공(J.-J. Aillagon)은 같은 해 12월 '2000년 기념위원회' 위원장으로 선정되었다. 엘라공은 새로운 천년을 맞이하는 행사를 일회성 축제로 끝내고 싶지 않았다. 지난 2천 년간 인류가 행한 업적을 반성하며 새로운 천년 시대를 예측하는 의미 있는 행사를 마련하고 싶었다. 엘라공은 그 임무를 철학자이며 예술평론가인 이브 미쇼(Y. Michaud)에게 맡겼다. 그는 1989년 45살의 나이에 에콜 데 보자르의 학장으로 취임한 후 1999년까지 10년 동안 그 학교를 이끌었고, 당시 파리 1대학에서 철학교수로 재직하고 있던 사람이었다. 이브 미쇼는 18세기 계몽사상가들에서 시작된 전통을 되살리고 싶었다. 지식의 특권화에 반대하며 기획한 백과사전의 편찬을 통해 지식의 대중화 전통을 20세기를 끝내면서 되살리겠다고 다짐했다. 그렇게 기획된 '모든 지식의 대학(Université de tous les savoirs)' — 우리나라에서는 '네오 아카데미아 총서'라는 이름으로 발간되었다 — 은 지식에 대한 토론과 민주주의에 대한 성찰의 장소이며, 20세기 마지막 민중의 대학이자 21세기 최초의 백과사전이 되었다. 요컨대 '모든 지식의 대학'은 21세기의 성격을 좀더 객관적이고 과학적으로 대중에게 알리기 위해 기획된 야심찬 도전이었다. 또한 '모든 지식의 대학'은 대중과 지식이 만난 곳이었다. 즉, 그곳은 이 시대를 좀더 깊이 이해하는 데 필요한 지식을 얻어 이 시대의 진실된 모습을 성찰할 기회를 갖고 싶었던 사람들에게 마련된 토론의 공간이었다. 그리하여 이브 미쇼는 프랑스 국민을 대상으로 2000년 1월 1일부터 12월 31일까지 하루도 빠짐없이, 20세기를 정리하고 21세기를 대비하는 강연을 준비하기로 작정했다. 계획대로 하루도 빼놓지 않고 강연은 진행되었다. 혁명 기념일에도 강연은 있었고, 부활절과 크리스마스에도 강연은 있었다. 크리스마스에는 그날에 걸맞게 "낙원에는 무엇이 남았는가?"라는 주제의 강연을 준비하기도 했다. 이 강연들은 후일 책으로 출판되어 18세기 프랑스 백과사전의 전통을 다시 부활시키고 있다.

문화연구? : 영어권의 문화연구(cultural studies)의 예

영어권에서 문화이론이 부상하게 된 현실적 배경으로는 문학을 포함한 본격예술 혹은 고급예술의 사회적 위상이 약화되고 대중예술 혹은 대중문화가 지배적 영향력을 행사하게 된 서구의 문화적 상황을 들 수 있다. 문학을 포함한 고급예술은 사회적 소수의 점유물이 되었을 뿐 아니라, 그 사회적 기능마저 의심받게 되었다. 고급예술이 표방하는 창조적 예술성이라는 것은 특정한 계층의 특정한 취향을 반영할 뿐이라는 점이 지적되었다. 그럼에도 불구하고 그것은 사회의 모든 계층에게 이상적 기준으로 강요되어왔기 때문에, 예술적 보편성이라는 것은 계층적 이해관계에 기반한 허구에 불과하다는 비판이 제기되었다. 또한 고급예술도 당대 사회의 지배적 이데올로기에 침윤되어 있다는 점에서 대중예술과 다를 바 없다는 분석이 이루어졌다. 이로써 고급예술이 차지했던 특권이 정당하지 않은 것으로 받아들여지게 되었다. 대중예술을 지배체제의 이데올로기의 도구로 비판하던 관점이 고급예술에까지 적용된 것이다.

반면에 대중문화는 점점 더 큰 사회적 영향력을 갖게 되었고, 이에 따라 대중문화를 단순히 지배 이데올로기의 반영으로 비판하는 관점은 전략적으로 수정되기 시작했다. 사회 구성원의 대다수가 향유하는 대중문화를 방치해둘 수 없다는 의식이 퍼졌다. 그런 대중문화를 지배도구로 치부할 경우 전략적 손실이 초래된다는 인식에 따라, 대중문화는 의미 있는 연구 대상이며 적극적으로 재해석해야 할 대상으로서 부상했다. 지배적인 이데올로기를 비판하고 저항적인 혹은 대안적인 이데올로기를 생성해내려는 정치적 목적을 가진 이론가들의 입장에서 볼 때, 사회적인 파급효과가 큰 대중문화를 분석하는 일은 커다란 전략적 가치를 띠게 마련이다. 이런 맥락 안에서, 문화연구는 고급예술을 탈신비화시키고 대중문화에 새로운 의미를 부여하는 작업에 적극적으로 나서면서 그 영향력을 확대시켜나가게 된다. 이런 배경에서 문화연구는 일상생활과 함께 대중문화를 두 가지 중요한 연구 대상 가운데 하나로 설정한다.

문화연구가 본격적으로 대학에 자리를 잡고 '문화연구'라는 이름으로 폭넓은 영향력을 행사하기 시작한 것은 영국 버밍엄 대학 현대문화연구소(The Center for Contemporary Cultural Studies)의 작업을 통해서이다. 특히 이 연구소의 제2대 소장인 스튜어트 홀(S. Hall)의 업적은 문화연구의 흐름을 그 이전과 이후로 나누어 보게 할 만큼 중요하다. 홀 이전의 문화연구는 크게 두 가지 흐름으로 정리할 수 있다. 하나는 사회비판으로서의 문화를 강조하는 입장이고 다른 하나는 이데올로기로서의 문화를 강조하는 입장이다.

문화의 사회비판적 기능을 강조하는 입장은 19세기에 급격히 산업화되는 영국 사회에 대한 반성으로 태동한다. 이 입장은 문화를 당대 사회를 비판하고 변혁시키기 위한 인식과 실천의 매개로 설정한다. 이에 따라 문화는 변혁의 대상인 사회와 대립적이거나 그것에 대안적인 위치에 놓인다. 문화는 경험을 사고로, 사고를 다시 언어를 비롯한 예술적 표현으로 발전시켜나가는 실천의 결과로 높이 평가된다. 문화는 고도의 창조성과 예술성을 지닌 것으로 정의되며, 사회의 문제점과 지향점을 드러내는 양식으로 인식된다.

반면에 문화의 이데올로기적 기능을 강조하는 입장은 대중문화가 확산되면서 문화의 사회비판적 기능을 찾아보기 힘들어진 문화적 현실에 전통적인 마르크시즘의 관점이 적용되면서 부상한다. 이 입장은 문화를 사회체제에 수반하는 부속물로 보며, 문화가 지배체제를 정당화함으로써 그것을 유지·강화하는 기능을 한다고 강조한다. 이에 따라 문화는 지배체제의 산물이요, 지배 이데올로기의 반영에 불과한 것으로 정의된다. 이 입장은 다시 창조적 문화와 도구적 문화로 구분되며, 양쪽에 서로 다른 위상을 부여하는 경우와 그런 구분 없이 문화 일반의 도구적 성격을 강조하는 경우로 나뉜다.

여기서 우리는 다음 사실에 주목해야 한다. 문화연구의 특징은 연구가 단일한 분과학문으로 쉽게 규정되지 않는 면이 있다는 점이다. 문화연구는 처음 나왔을 때부터 기존의 분과학문체계에는 들어설 자리가 없었으며, 그러면서도 하나의 독립된 분과학문으로 자리잡으려 하지도 않았다. 기존의 분과학문은 연구 대상과 방법이 모두 닫혀 있는 체계인 데 반해, 오히려 문화연구는 새로운 대상을 연구하면서 연구의 방법과 결과를 모두 진행형으로 열어놓고 작업한다. 문화연구는 연구 대상 자체가 사회적 과정 속에 놓여 있으므로 특정한 이론 속에 가둘 수 없으며, 따라서 문화연구의 분석도 잠정적인 성격을 띨 수밖에 없다. 문화연구는 처음부터 기존의 분과학문이 연구 대상으로 삼지 않는 영역을 부각시키며 등장했으며, 이런 대상을 연구하기 위해서는 다학제적이고 다분과-학문적인 접근이 필요하다는 입장을 취했다.

이에 따라 문화연구는 기존의 분과학문체계와 이중적인 관계를 맺는다. 즉, 다분과-학문주의를 취하면서 기존의 분과학문과 받을 것은 받고 줄 것은 주는 교류관계를 맺는 한편, 결과적으로 그 체제 자체의 정체성을 위협하는 갈등관계를 맺는다. 물론 최근의 문화연구는 대학 내에서 독자적인 입지를 마련하고 있으며 그 제도적 위상을 인정받아가는 추세이다. 따라서 위에서 말한 갈등관계가 줄어들고는 있지만, 문화연구가 기존의 학문체계에 대한 비판에서 출발하는 만큼 이 갈등관계는 쉽게 사라질 것 같지 않다.

다학제주의의 중심 : 상상력 연구소

다양한 문화현상을 다학제적으로 접근하기 위하여 우리는 모든 인간의 공통적인 특성인 상상력을 중심으로 전개하고 있는 프랑스의 문화에 대해 구체적으로 이야기해보자. 질베르 뒤랑(G. Durand, 1921~)은 '상상력의 인류학적 구조'를 밝히고자 하는 야심으로 문학, 철학, 인류학, 사회학, 종교학, 정신분석학 등 모든 인문과학을 한데 아우르는 큰 틀로서의 상상력 연구를 계획했다. 그의 이런 시도의 결과로 나온 상상력 연구소(CRI) 네트워크는 현재 프랑스 상상력 연구의 주된 축을 담당하고 있다. 1966년에 그르노블에 최초의 상상력 연구소가 세워진 이후에, 그곳에서 활동하던 학자들의 제2세대들을 주축으로 하여 프랑스 전역에 16개의 상상력 연구소가 설립되었다. 또한 한국을 비롯한 10여 개 국가 내의 20여 개 상상력 연구소들이 긴밀한 연관을 맺고 있다.

뒤랑에 의해 창설된 그르노블의 상상력 연구소는 처음부터 인문학 전반을 아우르는 새로운 상상계 연구를 표방했다. 현재 상상계의 인류학 연구소라는 가치 아래 문학, 사회학, 인류학, 종교학 등 모든 분야의 연구자들의 상상력 연구를 직·간접으로 지원하고 있다. 연구소 활동 초기의 창설자였던 레옹 셀리에는 순수한 문학적 텍스트 연구로부터 사회학적 컨텍스트 연구로 자신의 관심 분야를 심야·확대시켜 이 분야에 독보적인 업적을 남겼다. 또한 질베르 보세티의 경우는 「현대 이탈리아 소설에서의 유년기의 신화」라는 3천여 쪽에 달하는 논문을 통해, 낭만주의에서 오늘에 이르기까지의 신화의 변주를 밝혀내었다.

그르노블의 상상계 연구소와는 다른 방향으로 연구를 진척시키고 있는 LAPRIL(문학 상상계에 대한 다전공 영역 연구소)의 활동도 주목할 만하다. 이 연구소의 주요 멤버인 파트리스 캄브론의 경우 성 아우구스티누스의 『참회록』에 대한 신화비평으로부터 출발하여, 서구 기독교의 중요한 젖줄을 이루고 있는 '아우구스티누스'적 흐름에 대해 진지한 신화분석을 하고 있다. 그 외에도 페르피냥에서 활동중인 EPRIL(라틴계 상상계 연구팀)의 업적도 무시할 수 없다. 이곳에서는 아우구스티누스가 기틀을 잡고 비르길리우스가 꽃을 피웠던 로마제국의 상상의 세계를 명확하게 밝히고 있다. 이곳의 주축인 조엘 토마는 서양의 3세기에 걸쳐 '제국의 영광'으로 유럽 문화의 뿌리를 이룬 로마제국의 문화를 상상계의 시각으로 재구성하는 작업을 의욕적으로 계속하고 있다. 또한, 프와띠에의 피에르 갈레와 리모주의 제라르 샹드스는 20년이 넘도록 중세의 상상계를 연구하여 『PRI-SMA』라는 연구지를 정기 간행하고 있다. 이 밖에 라 갈리시의 Arthur 상상계 연구소에서는 로댕 글로가 아르튀스에 대한 연구지를 정기적으로 출판하고 있다. 이러한 다양한 상상계 연구의 최근 경향은 최초의 독자적인 연구들을 지향하던 각 연구소들이 서로 긴밀한 연락망을 구성하여 학문의 경계를 넘어서는 거대한 상상계 연구 조직을 형성하고 있다는 점이다. 이는 상상력에 대한 기존의 연구가 구체적이고 한정적인 영역에서 이루어졌던 반면에, 최근에 들어서는 어느한 영역에 국한되지 않는 보편적인 상상력 연구의 필요성이 대두되고 있다는 사실의 반증이기도 하다.

상상력 연구 방법의 이러한 다원성의 통합은 각 그룹 간의 긴밀한 상호 교통을 통해서 더욱 진일보하고 있다. 디종의 바슐라르 센터를 맡고 있는 장 자크 뷔넨뷔르제는 『상상계 연구소들의 상호 연계 보고서』를 정기적으로 발행하며 각 그룹 간의 활동을 세계 각국의 여러 회원들에게 소개하고 있다. 최근

들어 상상력 연구소 네트워크에서 중추 역할을 하던 그르노블 연구소가 일선에서 후퇴했다. 대신 기존의 연구소들을 횡적으로 묶는 GRECO-CRI가 설립되었다. 이는 그동안의 상상력 연구에서 특정 학문에 편중되었던 연구 경향을 바로잡으려는 노력의 일환으로 보인다. 이와 같이 현재 프랑스의 상상력 연구 경향은 기존의 연구 조직을 하나로 통합하여 종합적인 상상력 연구로 나아가고 있다. 또, 그동안 프랑스 국내에서만 이루어졌던 연구 태도에서 탈피하여 외국과의 공동 연구 방향을 활발히 모색하고 있는 추세이다.

프랑스 문학의 흐름

프랑스 언어와 고전주의 정신

  프랑스어의 역사는 크게 보아 13세기 말까지의 고대 프랑스어 시기, 14세기 초부터 16세기 말까지의 중세 프랑스어 시기, 17세기 이후의 현대 프랑스어 시기로 나눌 수 있다. 13세기 말까지의 프랑스 언어는 갈리아어, 구어 라틴어, 로망어, 오일어와 오크어 등이 사멸, 계승, 공존했다. 이는 프랑스 문화 형성기의 그 토양의 다양성을 그대로 반영해주고 있다. 정치적으로도 군웅할거의 시대로서 하나의 구심점이 형성되어 있지 않았고, 언어도 표준어 없이 방언이 나름대로의 자율성을 지닌 채 자유로이 쓰였던 것이다. 그러나 12세기경에 이르러 왕권이 비약적으로 신장되어감에 따라 왕이 살던 파리는 명실공히 국가의 심장부가 되었고, 이와 때를 같이 하여 파리를 중심으로 한 일-드-프랑스(Ile-de-France)의 방언인 프랑시엥(le francien)이 표준어의 지위를 군혀간다. 이렇게 표준화된 프랑스어는 간결 명확하게 가다듬어져 오늘날의 모습을 갖춘다.

14세기 말부터 15세기에 이르는 백년전쟁(1337~1453)으로 말미암아 사회 혼란은 극도에 달했다. 그러나 이 시기에도 프랑스어는 주격·목적격으로 구분되어 있던 명사 변화의 단일화, 동사 어간의 통일, 동사 어미의 균제화, 문장 구조의 정착 등 합리화 과정을 겪는다. 16세기에 이르러 프랑스와 1세는 「빌레르코트레 칙령」에 의해 모든 법정에서 프랑스어를 사용하도록 명령했다. 또, 모든 학술적 글은 당연히 라틴어를 사용해야 한다는 종래의 관습에서 벗어나 종교·의학 분야에서도 프랑스어로 저술된 서적이 간행되기 시작한다. 한편 문단에서는 1549년 시인 뒤 벨레(Du Bellay)가 『프랑스어의 옹호와 현양 *La Défence et l'illustration de la langue française*』을 발표, 프랑스어가 심오한 시적 감정과 사상을 표현하는 데 라틴어보다 적합한 언어임을 선언하였다. 많은 문인들이 그에 동조하여 프랑스어로 시를 쓰기 시작한다.

프랑스어에 대한 그러한 자부심은 바로 프랑스적인 정신과 연결된다. 프랑스인들이 스스로 자신들의 가장 위대한 시기라고 생각했던 17세기에는 아카데미 프랑세즈(Académie Française)가 창설되었다. 이로써 프랑스어를 합리적인 언어로 가다듬는 일이 국가적 사업이 된다. 아카데미 프랑세즈의 회원들은 한편으로는 프랑스어에 뒤섞여 있는 불순한 언어들을 제거하는 작업을 했고, 다른 한편으로는 문법을 제정하고 사전을 간행하면서 올바른 프랑스어의 확립을 위해 힘썼다. 그들은 서민·하층민의 말투, 교양 없는 무리들의 거친 말투뿐만이 아니라, 언어의 순화에 역행하는 일부 작가의 어법에 대한 교정 작업을 시도하였다. 그리하여, 인간의 합리적 사고에 입각한 논리적 언어로서의 문법이 확립되고, 어휘는 간소화되며, 명석성이 부여된다. 즉, 프랑스 언어는 인간 정신의 합리화 과정을 그대로 반영하게 된 것이다.

그 결과 이제 프랑스인들은 "명확하지 않은 것은 프랑스어가 아니다(Ce qui n'est pas clair n'est pas français)"라고 자부하기에 이른다. 이러한 자부심은 뒤집어 생각하면 '표현하고자 하는 바가 명확한 것이기만 하면 무엇이든 프랑스어로 표현할 수 있다'라는 생각을 그 저변에 깔고 있다. 달리 말하면 프랑스어로 제대로 표현하지 못하는 생각은 그 무언가 불확실하고 모호하며 비합리적인 생각이라는 것이다. 바로 그렇기에 프랑스에서는 "침묵은 금이요, 웅변은 은이다"라는 금언이 별로 통용되지 않는다. 프랑스에서 말이 없는 것은 할 말이 없고, 논리적 사유의 훈련이 되어 있지 않음을 뜻하는 것으로 여겨진다.

프랑스의 합리주의가 그러했듯이 프랑스어는 모호한 사유, 언어로 표현할 수 없는 사유, 현상계 너머에 대한 인식을 비합리적 사유나 인식으로 배제해왔다. 그렇기에 프랑스어는 다른 언어들에 비해 뛰어난 명증성을 획득했는지는 몰라도, 바로 프랑스 내부에서 (예컨대 19세기 상징주의 시인들에게) 상상력과 몽상의 자유를 억압하고 빼앗는 언어로 비판받기도 하는 것이다.

프랑스어의 역사와 특성이 분명하게 보여주듯이 프랑스는 합리주의 정신이 하나의 비빌 언덕이 되고, 그것을 토대로 여러 다양한 예술·사유·종교사상 등이 복합적으로 어우러져 있는 사회이다. 어느 예술·사유·종교사상은 바로 그 합리주의를 근간으로 하여 태어나 프랑스의 합리주의 정신을 강화하는 데 기여했다. 그런가 하면, 또 다른 예술·사유·종교사상 등은 이른바 프랑스적인 정신에 반하는 반프랑스적 세계관을 거침없이 표현하면서 거시적 안목에서의 전체적 프랑스의 모습을 만들어내는 데 기여했다. 예컨대 프랑스인들이 가장 자랑스럽게 생각하는 17세기의 고전주의를 가장 프랑스적인 예술 사조의 대표격이라고 볼 수 있고, 19세기의 낭만주의·상징주의 등은 가장 반프랑스적인 예술 사조라고 할 수 있다. 우리가 프랑스 문학사를 사조별로 일별해보면 16세기의 르네상스를 기점으로 바로크, 고전주의 – 계몽주의 시대의 문학도 크게 보면 고전주의의 범주에 포함시킬 수 있다 –, 낭만주의, 사실주의, 자연주의, 상징주의, 초현실주의, 실존주의, 20세기 중엽부터의 누보로망 등으로 대별할 수 있을 것이다. 또, 각각의 사조의 특성 및 그 사조를 대표하는 문학작품을 면밀히 검토하면 거의 모든 문학 사조들이 위에서 제시한 기준에 의하여 분류가 가능함을 알 수 있을 것이다. 이 밖에 프랑스 문학사를 빛내고 있는 다양한 문인들의 성향도 어느 정도는 그러한 기준에 의해 평가하는 것이 가능하다.

상상하는 자아의 탄생 : 낭만주의의 의미

일반적으로 프랑스의 낭만주의는 1820년부터 1850년경에 걸쳐 전개된 프랑스 내의 새로운 문학 운동을 지칭한다. 고전주의의 전통이 굳건히 지켜지고 있던 프랑스 문학에 낭만주의의 흐름을 도입한 선구자로는 샤토브리앙(Chateaubriand, 1768~1848)과 스탈 부인(Mme de Staël, 1766~1817)을 꼽을 수 있을 것이다. 샤토브리앙은 고독과 우수 속에서 전개되는 상념을 통해, 비가시적인 세계, 우리가 지각할 수 있는 현실과는 다른 세계의 존재를 시적으로 노래함으로써 고전주의나 합리주의와는 다른 세계를 보여준 시인이다.

한편 스탈 부인은 『독일론 De l'Allemagne』이라는 기념비적인 작품을 통해 문학의 상대성 개념을 도입함으로써 고전주의의 아성에 도전한다. 즉, 문학작품은 그 나라의 민족성과 풍토와 사회의 갖가지 관습과 깊이 관련되어 있으며, 각 민족 집단은 이 모든 요인들이 그 안에 용해된, 독자적인 영혼을 표현하는 독특한 문학을 생산한다는 것이다. 가령, 영국이나 독일과 같은 북구의 문학은 프랑스나 이탈리아가 속한 남구의 문학과 본질적으로 다르며, 그 자체의 고유한 아름다움을 창조한다.

　낭만주의 소설은 그 무엇보다 작가 자신의 내면 고백과도 같은 형식을 띤다. 스탈 부인의 『델핀 *Delphine*』과 『코린느 *Corine*』, 세낭꾸르(Sénancour, 1770~1846)의 『오베르만 *Obermann*』, 콩스탕(B. Constant, 1796~1830)의 『아돌프 *Adolphe*』 등이 그에 속하며, 샤토브리앙의 『르네 *René*』는 그 낭만주의 소설의 최초의 걸작으로 꼽힌다. 그런데 낭만주의 문학의 가장 큰 특성인 자아에의 집착과 자아의 강조는 거꾸로 낭만주의에 대한 비판과 혐오의 가장 큰 빌미가 되기도 한다. 낭만적 자아에 대한 가장 신랄한 비판은, 그것이 한 개인의 유아적(唯我的)이고 폐쇄된 내면 공간에 갇힌 채 타인과의 소통 및 연대성을 망각하고 있다는 점 때문이다. 한마디로 지나치게 개인주의적인 문학이라는 것이다. 샤토브리앙의 우수, 라마르틴느(Alphonse de Lamartine, 1790~1869)의 대자연과 마주한 명상, 비니(Alfred de Vigny, 1797~1863)의 철학적 사색, 뮈세(Alfred de Musset, 1810~1857)의 불안 등은 낭만주의 문학이 표방하듯 각자 나름대로의 방식으로 자신의 내면을 노래하는 작품들이다. 이들은 저마다 고유한 색채를 지니고 빛을 발하고 있지만 위의 비판들로부터 완전히 자유로운 작가는 그 누구도 없다.

　낭만주의가 지나치게 개인적, 폐쇄적이면서 이 세상 밖으로의 탈출을 꿈꾸는 모습을 가장 비판적으로 압축해놓은 표현이 아마도 '병든 낭만주의'라는 표현일 것이다. 낭만주의는 개인적 정서에 함몰되어 자신이 이 세계에서 타인과 맺고 있는 필

연적인 관계를 잊은 채, 지금 이 세상이 아니라면 그 어디라도 좋으니, 그곳으로 가고 싶다는 병적인 환상에 젖어 있다는 것이다. 앙드레 지드(A. Gide) 같은 20세기 소설가가 낭만주의에 대하여 다음과 같은 견해를 밝힌 것도 이와 무관하지 않다.

> 낭만주의는 그 표현의 호사스러움으로 인하여 실제로 작품에서 그리고 있는 세계보다는 훨씬 감동적으로 평가받는 경향이 있다. 그리하여 우리의 낭만주 작가들은 언제나 말이 앞서고 정서와 사고가 넘쳐흐른다.

고전주의가 신중함과 절제의 예술로서 최소한의 표현으로 최대한의 효과를 발휘하고 최대한의 의미를 담는 예술인 데 반해, 낭만주의 예술은 겉의 화사함 그 자체로서 자신의 감정에만 충실한 채 타인을 전혀 의식하지 않는다는 것이다. 이렇듯 낭만주의에 대한 비판은 대개 낭만주의에서의 주관성이나 낭만적 자아를 어떤 아련한 정서 그리고 분위기와 연결시키는 데서 기인한다. 낭만주의자가 자기만의 어떤 아련한 정서와 분위기에 젖어 잃어버린 옛날, 잃어버린 낙원을 노래하고 있다고 생각될 때 낭만주의는 가장 결정적인 비판을 받게 된다. 이는 낭만주의가 보수적이라는 것과 같은 맥락에서 이해되어야 한다.

그러나 과연 낭만주의는, 특히 프랑스의 낭만주의는 그러한 비판을 고스란히 감수해야만 하는 것일까? 우리는 낭만주의가 그토록 강조했던 자아의 의미가 무엇인가를 살펴보면서 그러한 비판에 대해 간접적으로 대답을 시도하기로 하자.

우선 낭만주의에 대한 이상에서의 비판들은 인간의 자아와 주체에 대한 인식이 계몽적 합리주의의 관점에서만 행해질 때 가능한 비판이라는 점을 지적하기로 하자. 계몽주의 혹은 합리주의가 지향하는 것은 이성을 통한 객관적 진리의 획득이다. 그리고 그러한 목표 달성을 위해서는 대상에 대하여 한 주체가 나타내는 주관적 반응이나 가치 부여의 태도는 버려야만 한다. 프랑스가 자랑하는 데카르트(Descartes)는 심지어 '회의하는 이성'의 덫을 통과하지 않은 그 어떤 '기존의 이성적 진실'도 진리로서 받아들이지 않았다. 따라서 확고부동하게 남는 것은 객관성의 획득을 위하여 모든 주관성과 주체성을 부정하고 비워버린, 텅 빈 혹은 순수하기 그지없는 코기토이다. 그러한 합리주의적 입장에 비추어볼 때 개인의 주관적 정서나 자아에 입각하여 사물을 판단하고 그러한 가치 판단을 있는 그대로 예술로 표현하는 낭만주의는 '스스로 자진해서 오류의 길에 빠진 것'과 흡사한 태도이다. 낭만주의자는 자아에 몰두함으로써 이성적 주체, 합리적 주체인 코기토의 활동을 포기해버린 자가 되는 것이다.

데카르트의 코기토란, 즉 합리적 이성이란 주체와 대상, 자아와 세계를 분할하고, 참과 거짓, 선과 악의 절대 구분이라는 이원론적 관점으로 세상을 바라본다. 이와 같은 지적이 참으로 중요한 것은 (우리가 세상을 이원론적 인식으로 바라볼 수도 있고 일원론적 인식을 바탕으로 해석할 수도 있다고 할 때) 이원론적 인식이건 일원론적 인식이건 그 모두가 인간이라는 주체가 타인과 세상과 우주에 대하여 취할 수 있는 주관적 선택의 하나가 될 수 있기 때문이다. 데카르트의 합리주의란 그런 의미에서 이 세상을 하나의 객관적 기계로 환원시켜 분석·설명하겠다는 쪽에 내기를 건 또 다른 주관적 선택일 뿐이다. 따라서 데카르트의 합리주의에도 '객관지향'이라는 자아의 선택이 이미 들어가 있다.

그렇다면 낭만주의는 객관성보다는 주관성, 이성보다는 영감이나 정서, 합리적 규범보다는 자아를 선호하면서 어떠한 선택을 한 것인가? 낭만주의에서의 자아와 주관성이란 계몽주의적 사고나 합리주의적 사고의 토대가 되었던 주관과 객관의 이분법적 구분을 전제로 한 주관성이 아니라 주객이 분리되지 않은, 세계와 융합된 전체성 속에서의 자아이며 주관성이다. 낭만주의의 자아와 주관성은 합리주의 내에서의 객관성과 대립되는 주관성이 아니라, '합리주의적 세계관'이라는 주관적 선택과 대립되는 주관성이다. 따라서 낭만주의의 주관성은 합리주의 안에 있는 것이 아니라 그 너머, 혹은 그 밖에 있다. 낭만적 자아는 그런 의미에서 세계를 기계론적으로, 분할적으로 보는 자아, 세상으로부터 빠져나와 자신을 중심으로 세상을 분석하는 자아와 대립되는 자아이며, 궁극적으로는 전 우주의 질서에 동참하고 그 변화를 함께 겪는 자아이다. 이 세계와 거리를 두는 합리주의적 자아는 세상과 우주를 고정시킨

채 세상을 분석하지만, 이 세계와 우주에 생명을 불어넣거나 그 생명의 변화, 진화에 동참하지는 못한다. 세계의, 우주의 변화에 동참하면서 동시에 세계와 우리 존재의 의미를 묻는 것, 바로 그것이 낭만주의의 핵심이다. 그래서 낭만주의의 자아는 한 개인에게 집착하는 자아가 아니라 포괄적이고 확장적인 자아인 동시에 생성적 자아가 된다. 세계와 호흡하는 자아는 이미 유아적(唯我的) 집착에서 벗어나 세계 및 우주의 끊임없는 생성, 소멸 운동에 동참하게 되기 때문이다. 그런 의미에서 낭만주의가 궁극적으로 노리는 것은, 우주와 호흡하는 새로운 인식의 탄생이며, 우주와 연결고리를 끊어버린 인간 의식의 변혁이다.

바로 이 지점에서 우리는 상상력(l'imagination)과 영혼(l'âme)이라는 낭만주의의 가장 중요한 두 개념과 만나게 된다. 한마디로 합리주의가 이성에 의해 세계를 분석·파악하는 반면에 낭만주의는 상상력에 의한 세계 자체의 변모를 꾀한다. 합리주의적 이성은 선한 것과 악한 것, 옳은 것과 그른 것, 속된 것과 고상한 것을 분별해낼 수 있다. 그러나 속된 것 자체를 고상한 것과, 저속한 것을 고차적인 것과 동일시할 수 없으며, 더욱이, 유한한 것 속에서 무한을 볼 수는 없다. 즉, 합리주의가 그 효력을 발휘하는 것은 인간 자체의 유한성 내에서이다. 사유하는 주체로서의 코기토는 죽음 이후에는 사라지고 그와 함께 우주도 사라진다. 합리주의 내에서 우주는 인간의 유한성 속에 갇히거나 유한성의 연속으로 분할된다. 유한한 존재인 인간이 무한한 우주의 생성·소멸을 꿈꾸고 그에 참여할 수 있는 것은 상상력에 의해서만 가능하다. 따라서 우리는 이렇게 말할 수 있다. "낭만주의의 자아는 바로 상상하는 자아이다." 상상력에 의해 저열한 삶, 유한한 삶을 숭고한 것, 무한의 영생과 결합시키고 그에 동참하는 것, 그리고 자신의 내면에, 현 인류의 영혼에 결여되어 있는 것을 추구하는 것, 거기에 낭만주의의 본령이 있다. 즉, 상상력에 의해 인간의 영혼을 일깨우고 그 영혼이 유한성 너머로 비상할 수 있기를 꿈꾸는 것이 낭만주의자의 본령인 것이다.

사실 프랑스의 낭만주의가 진정한 의미의 낭만주의의 본령을 충실하게 따르고 그 성과를 이룩했다고 보기는 어렵다. 때로는 '개인적 감정의 과도한 표출'로 인해 후에 보들레르 같은 상징주의 시인들에게 비판의 대상이 되는가 하면, 낭만주의자들의 정치적 이상주의는 예술적 이상과 현실을 혼동한 몽상가들의 행태라는 비판을 받기도 한다. 하지만 프랑스라는 고전주의 전통이 강한 나라에서 낭만주의적 본령에 충실한 작가를 찾기가 쉽지 않다고 할지라도, 고전주의적인 것, 사실주의적인 것, 합리주의적인 것에 대립되는 낭만주의적인 것은 여전히 존재할 수 있다는 사실을 강조하고 싶다. 프랑스에서는 낭만주의가 스스로 지니고 있던 특성들이 프랑스 고유의 풍토와 만나면서, 때로는 사실주의를 강화하는 데, 때로는 역사주의 논리를 세우는 데 하나의 전거로 사용되었다. 이처럼 낭만주의의 본령이 지켜지기보다는 이리저리 파편화되어 흩어졌지만, 그것이 바로 프랑스적인 낭만주의의 특성일 수 있다는 것을 강조하기로 하자.

낭만주의와 상징주의의 다리 : 현대성의 시인 보들레르

　프랑스의 상징주의를 다루면서 우리가 한 가지 조심할 점이 있다. 문학사상(文學思想)의 측면에서 볼 때 프랑스에 상징주의라는 사조가 정식으로 등장한 때는 1886년 장 모레아스(J. Moréas)가 「피가로 *Le Figaro*」지에 발표한 선언문을 통해 새로운 시적 창조의 경향을 상징주의라는 이름 하에 통합하려는 시도를 하면서부터이다. 아마도 프랑스에서의 상징주의 운동의 공식적인 역사는 여기서부터 시작되는 것으로 보아야할 것이다. 하지만 실제로는 상징주의라는 용어가 공식적으로 쓰이기 이전에 이미 상징주의의 '사원'을 개척한 위대한 선구자들이 있었다. 실제 프랑스의 상징주의는 그 위대한 선구자들의 작업과 활동을 의미한다고 보아야 한다. 그들의 이름은 보들레르(C. Baudelaire, 1821~1867), 말라르메(S. Mallarmé, 1842~1898), 랭보(A. Rimbaud, 1854~1891), 베를렌느(P. Verlaine, 1844~1891)이며, 이들 중 낭만주의와 상징주의를 연결하는 현대성의 시인은 바로 보들레르이다.

　보들레르는 운문시집『악의 꽃 *Les Fleurs du Mal*』과 산문시집『파리의 우울 *Le Spleen de Paris*』을 통하여 프랑스 현대시의 시조로 평가되고 있다. 보들레르는 인간의 근본적인 문제인

선과 악의 갈등 그리고 아름다움과 추함의 이원론적 세계에서 끊임없이 고통받으며, 자신에 대한 명철한 의식을 갖고 시 작업에 대한 장인적인 투쟁을 통해 잃어버린 낙원의 세계를 찾고자 노력하였다. 또한 『파리의 우울』이란 산문시집의 형태로 거대한 사막과도 같은 대도시 속에서 저녁 하늘을 배경으로 켜진 가스등, 역청 냄새가 지배하는 거리 풍경, 상업과 기술이 점차로 지배하는 제2제정기의 일상적인 모습을 그려낸 것도 분명 프랑스 현대시의 흐름에 있어서 보들레르가 남겨놓은 커다란 업적이다.

한편 예술비평의 영역에서는 「1845년의 미술 살롱평 Le Salon de 1845」에서 1863년 발표한 「현대 생활의 화가 Le Peintre de la vie moderne」에 이르기까지 낭만주의 미술과 현대성을 새롭게 정립하였다. 문학비평의 영역에서 동시대의 시인들과 소설가들에 대한 날카로운 비평을 통해 예술 전반에 대한 새로운 성찰의 토대를 마련한 것도 그가 이루어놓은 업적이다. 특히 현대 비평가들이 『악의 꽃』을 보들레르 이전의 낭만주의 시인들의 작품들과 비교하여 현대적이라고 명명하는 큰 이유 중의 하나는 『악의 꽃』이 상상력이나 영감에 의해 즉흥적으로 쓴 시를 모은 시집이 아니라 명석하게 의도된 계획에 의해 쓰여졌다는 사실 때문이다.

1846년, 25세의 젊은 보들레르는 미래에 출간될 자신의 시집을 『레스보스의 여인들 Les Lesbiennes』이란 제목으로 출간할 계획을 세웠다. 이 제목은 1851년에 "현대 젊은이들의 정신적 갈등의 역사를 묘사할"
시집인 『지옥의 변경 *Les
Limbes*』이라는 제목으로
탈바꿈하였다가 결국에는
1857년, 그의 나이 36세
에 이르러 『악의 꽃』으로
결정된다. 그리고 1857년
에 자신의 시집이 재판에
회부된 것을 대중들의 오
해로 생각한 보들레르가
그 오해를 풀기 위해, 그

보들레르.

리고 "수많은 비평가들에게 응답하기 위해" 쓰여졌던 서문의
계획들은 창작 동기를 분명하게 의식하고 있던 창작자의 엄격
함을 보여준다. 이 노트들을 읽어보면 보들레르는 그 당시의
다른 시인들과 자신을 의식적으로 구분짓고 있으며, 이 차이
점을 극대화하고 자기 고유의 시학을 가지려는 노력을 하고
있음을 알 수 있다. 보들레르는 자신의 시집을 『악의 꽃』이라
고 명명한 이유와 문단에서 자신만의 독창성을 갖기 위한 자
신의 계산된 사고를 다음과 같이 말한다.

유명한 시인들은 이미 오래전부터 시의 영역에서 가장
꽃피는 지역들을 나누어 가졌다. 나에게는 악에서 미를 추
출하는 것이 보람으로 여겨졌고, 이 작업이 힘든 만큼 더욱

즐겁게 느껴졌다.

보들레르에게 있어서 악의 의미는 서구 기독교적 의미에서 단순한 종교적 악마만을 뜻하는 것이 아니라 인간의 불행, 저주받은 삶, 죽음의 본능 등 인간 조건의 근본적인 상황을 지칭하는 폭넓은 의미를 지닌다는 사실에 주목해야 한다. 1850년대 이전의 문학은 일반적으로 저속하고도 일상적인 소재를 시적 글쓰기에서 배제하였다. 그러나 보들레르는 그와 같은 일상적 소재에서 새로운 문학의 가능성을 찾았고, 특히 도덕적인 '선(善)'과 예술적인 '미(美)'의 전통적인 연결에서 탈피하여 '악'의 세계와 '미'의 세계를 새롭게 결합시켰다. 즉, 기존의 '미'의 개념을 확장시켜주었던 것이다. 인간의 근본적인 조건이라는 악의 세계에서 '미'를 추출하려는 보들레르의 노력은 낭만주의 문학과 상징주의 문학을 잇는 가교 역할을 하고 있다고 볼 수 있다. 또한 들라크르와(Delacroix)의 만남 이후 회화를 통하여 시와 예술에 있어서 상상력의 위대함을 언급한 것도 우리의 관심 대상이다.

상상력의 깊이와 색채

1846년에 보들레르는 스탕달의 뒤를 이어, '낭만주의'가 "가장 최근의 그리고 가장 현대적인 미의 표현"이라고 강조했다. 그러면서 그는 다음과 같이 낭만주의를 재정의한다.

낭만주의를 말하는 사람은 현대 예술을 말하는 것이다. 즉, 모든 예술이 가지는 모든 방법에 의해 표현된, 내면성, 정신성, 색채 그리고 무한에의 동경을 의미한다

보들레르가 '현대 화단의 대표자'로 추대하는 사람은 들라크르와이다. 왜냐하면 들라크르와가 자신이 재정의한 '낭만주의에 가장 어울리는 대표자'이기 때문이다. 그리고 그는 지중해 남유럽의 고전주의와 북유럽의 낭만주의를 대립시킨다.

색채가 현대 예술에서 아주 중요한 역할을 한다는 사실이 무슨 놀라운 일이겠는가? 낭만주의는 북유럽의 아들이며 북유럽은 색채주의자이다. 꿈과 동화들은 안개의 자식들이다.

보들레르에 의하면 현대 예술의 본질은 가시적인 세계에서 비가시적인 세계로의 이행에 있다.

만일 한 뛰어난 색채주의자가 주제에 적합한 색채를 가지고 가장 소중한 우리의 감정들과 꿈들을 표현한다면, 그 효과는 얼마나 새로울 것이며 낭만주의는 얼마나 감탄할 만한 것이 될 것인가.

여기서 주목해야 할 점은 색채가 그림의 '주제', 즉 그려진 대상에 적합하기를 요구하면서 동시에 '가장 소중한 우리들의

감정들과 꿈들'을 표현해주기를 요구한다는 사실이다. 보들레르가 지향하는 '내면성'이란 화가의 내면적 가치와 그림 주제의 가치들 사이의 교환을 의미한다. 보들레르가 추구하는 것은 눈에 보이는 것에 기초한 낭만주의가 아니라 꿈꾸는 것에 기초한 낭만주의이다. 바로 이 점에서 낭만주의 예술은 '내면성'과 '정신성'으로 특징지워진다. 색채의 개념이 정신성과 밀접하게 연결된 이유는 바로 색채를 통해서 정신성이 강렬하게 표현되기 때문이다.

보들레르가 들라크르와를 현대적 화가라고 선택한 또 다른 이유는 그가 소묘화가(dessinateur)가 아니라 색채화가(coloriste)이기 때문이다. 1840년대의 그의 미술평에서 보이는 색채와 데생 사이의 대립은 초기 보들레르의 미술비평의 근본을 이룬다. 색채는 창조적 주관성과 작품과의 교환, 즉 예술가의 개인적 기질에 따른 색채, 작품 고유의 색채 그리고 이 둘 사이의 긴장관계에 위치한다. 1846년에 보들레르가 설명하는 색채이론에 비추어볼 때 우리는 왜 색채화가가 소묘화가보다 낭만적인지 이해할 수 있다. 왜냐하면 색채화가는 '자연처럼 소묘하기' 때문이다.

1840년대의 보들레르는, 자연을 "정신적인 세계와 물질적인 세계를 지배하는 대조의 법칙"이 그 기본을 이루는 하나의 총체적인 세계로 인식한다. 자연은 선과 색의 구분을 모른다. 왜냐하면 "자연에게 있어, 형태와 색채는 하나이기 때문이다." 보들레르가 생각하는 자연은 살아 있는 유기체의 세계이다.

그래서 보들레르는 이 대조의 법칙과 더불어 끊임없는 운동의 법칙을 강조한다. 사실 자연 속에 선은 존재하지 않고, 색채만 존재한다. 1846년에 정의된 자연 속에서 색채의 다양함은 그 색채를 낳게 한 빛의 통일성을 드러낸다. 이런 색채는 회화에 있어서 그 외양의 다양함이 초월적 통일성을 드러내는 세계를 재현하는 데 적합한 도구이다.

「1845년 살롱평」에서부터 보들레르는 들라크르와의 그림에서 표현된 여러 색채들 사이의 조화 중에서 특히 녹색과 붉은색의 대조에 민감하게 반응한다. 두 색의 대비는 폴 시냑(P. Signac)에 의하면 신(新)인상주의에 이르는 기술적인 혁신이다. 즉, 녹색은 노란색과 푸른색의 결합으로 이루어져 있으며, 으젠느 슈브렐(E. Chevreul)의 동시대비법칙에 의하면 보색으로 적색을 갖는다.

「마르쿠스 아우렐리우스의 유언」에 나타난 "녹색과 붉은색의 이 균형이 우리의 영혼을 기쁘게 하며", 그 "색채는 이 새롭고 더욱 완전한 기술 속에서 잔인한 독창성을 잃기는커녕 항상 피비린내 나며 끔찍하다." 「1846년 살롱평」에서 들라크르와의 「피에타」에 나타난 "이 피 흘리고 격렬한 비탄"을 표현하는 붉은색은, "희망이라는 짙은 녹색에 의해 보상받으며" "고통을 예찬하는 끔찍한 찬가"를 부른다. 또한 미국 화가 카트린(Catlin)이 그린 두 인디언의 초상화에서 발견하는 기쁨도 "자연의 조용하며 활달하고 미소짓는 녹색"과 "너무 어둡고 너무 두꺼워 뱀의 눈보다 더 꿰뚫기 어려운 붉은색"이 연주하는 음악의 세계이다. 상보적 색채 간의 긴장관계들, 특히 붉은색과 녹색의 조화나 대조는 미술비평가 보들레르에게 종종 그려진 그림의 주제와는 상관없이 그 상대적인 자율성이 강조되어 나타난다.

같은 살롱평에서 보들레르는 독일의 작가 호프만(Hoffmann)의 한 구절을 인용하면서 "색채들과 감정들의 완전한 음계[音階]"를 세우기 위한 몇 가지 제안을 한다. 보들레르에 의하면 예술가가 가지고 있는 개인적 에너지가 회화의 색채 표현을 결정한다. "색채의 스타일이나 감정은 선택에서 나온다. 그리고 선택은 기질에서 나온다." 곧이어 그는 자신의 이론을 뒷받침하기 위한 몇 가지 예를 든다.

활달하면서도 경박한 색조가 있고, 경박하면서도 슬픈, 풍부하면서도 활달한, 풍부하면서도 슬픈 그리고 일반적이면서도 독창적인 색조들이 있다. 그래서 베로네제의 색채는 조용하면서도 활달하다. 들라크르와의 색채는 종종 한탄하는 듯하고 카트린의 색채는 종종 무시무시하다. 오랫동안 나의 창 앞에는 반은 녹색, 반은 붉은색으로 강렬하게 칠해진 카바레가 있었는데, 그것은 나의 눈에 감미로운 고통이었다.

자신의 관심을 끄는 화가들의 색채를 형용사로 표현하면서 자서전적인 요소를 삽입한 보들레르가 붉은색과 녹색의 결합에서 느끼는 감각은 후일 『악의 꽃』의 시 세계의 중심을 이루

들라크루와 작, 「알제리 여인들」(1834).

게 될 '모순 어법'인 '감미로운 고통'이 된다. 색채와 영혼의 감정 표현을 매개하는 그 연결고리는 「1855년 만국박람회평」에서 들라크루와의 그림 「트라야누스의 심판」에 등장하는 붉은색의 말에 대한 묘사에서 더욱 강하게 강조된다. 이러한 관점에서 우리는 왜 보들레르가 알퐁스 카(A. Karr)의 들라크루와에 대한 비판을 비꼬는지 알 수 있다.

이 그림은 과거에 비뚤어진 양식의 소유자인 카 씨가 장미 빛깔의 말에 대하여 짓궂은 농담을 던졌던 작품이다. 마치 가벼운 장밋빛의 말이 존재하지 않는다는 것처럼, 아니 화가가 그런 말을 그릴 권리가 없다는 듯이.

보들레르는 결국 예술과 예술가에 있어서 '모방'이라는 전통적 굴레로부터 벗어나 그들 영역의 자율성을 강조한 것이다.

그림의 주제를 분석하거나 또는 단지 이해만 하기에는 너무 먼 거리에 위치하여도 들라크르와의 그림은 이미 우리의 영혼에 풍부하고 행복하거나 또는 우울한 인상을 형성해 준다. 그의 회화는 마치 마술사나 최면술사처럼 자신의 사고를 먼 거리에서 투사하는 듯하다. 이 특이한 현상은 색채주의자의 힘, 색조들의 완벽한 결합 그리고 색채와 주제 간의 (화가의 뇌에서 이미 결합된) 조화에서 기인하고 있다.

보들레르에 의하면, 색채는 "스스로 사고하고", 예술 작품이 환기시키는 감정은 그 작품이 드러내고자 하는 주제와는 별개의 문제가 된다. 전통적으로 그림이 이야기하고자 하는 주제에서 벗어나 보들레르는 그림의 자율성 그리고 화가의 자율성을 강조한다. 이 점이 바로 들라크르와의 마술적 힘이다. 들라크르와의 그림들은 관람객들이 그림들의 주제를 구분할 수 없는 먼 거리에서도, 색채가 표현하는 "풍부하고, 행복하거나 또는 우울한 인상"에 의해 관람객들을 감동에 사로잡히게 한다. 그림의 진정한 주제는 "화가 그 자신이며 바로 색채가 환기시키는 감동이다"라고 강조한 점에서 보들레르는 당시대의 다른 미술비평가들과 분명히 구별된다.

1859년부터 보들레르는 들라크르와의 색채를 상상력에 관한 자신의 사고와 더욱 밀접하게 연관시키고 있다. "인간에게 색채, 윤곽, 소리 그리고 향기의 정신적 의미를 가르쳐주는 것은 상상력이다(「1859년 살롱평」)." 1846년부터 보들레르가 화가들을 '색채화가'와 '소묘화가'로 분류하고, 들라크르와가 뛰어난 상상력의 화가로서 최고의 위치를 갖고 있다고 주장한 것은 우연의 결과가 아니다. 색채의 예술은 바로 뛰어난 상상력의 예술이기 때문이다. 「1855년 만국 박람회평」에서 보들레르는 자신의 미학과 시학 자체의 핵심을 이루게 될 상상력에 관하여 '능력들의 여왕'이란 표현을 사용한다. 그러면서 그는 "이 위대한 거장들을 지탱해주었으나, 아카데믹한 훈련 속에서 타락해버린, 모든 능력들의 여왕인 상상력은 사라져버렸다"고 말하며 회화에 있어서 상상력의 결핍을 한탄한다. 또한 보들레르는 사실주의 화가인 쿠르베(Courbet)와 아카데미즘의 이상을 추구한 앵그르에 반대하고, 그들의 공통적인 특성인 그림의 부동성을 거부한다. "상상력이 없으면, 움직임도 없다." 1859년에 이르러서 그는 능력들의 여왕인 상상력의 특성을 아래에서와 같이 구체적으로 재정의한다.

인간에게 색채, 윤곽, 소리 그리고 향기의 정신적 의미를 가르쳐주는 것은 상상력이다. 상상력은 태초에 유추와 은유를 창조하였다. 상상력은 삼라만상을 분해하고 인간 영혼의 가장 깊숙한 데서 생겨났다고밖에 할 수 없는 규칙에 따라서 재료들을 모으고 처리해서 일종의 새로운 세계를 창조한다. 그래서 상상력은 새로움이란 감각을 만들어낸다.

우선 상상력은 분석과 종합이라는 이성적인 활동을 총괄하는 개념이다. "상상력은 분석이며 종합이다." 또한 상상력은 열정적이며, 삶과 사랑, 불꽃의 열기를 내뿜으며 그 색채를 암시한다. 상상력의 색채는 붉은색을 띠고 나타난다. 상상력이라는 이 '중요한 능력'을 정의하면서 보들레르는 독자에게 상상력의 색채를 암시한다. "그 풍부함은 자주색을 환기시키지 않는가?" 곧이어 보들레르는 들라크르와 회화의 상상적 방법론을 다음과 같이 설명한다.

꿈이 자기 자신만의 분위기 속에 위치한 것처럼, 마찬가지로 개념은 구성이 되어가면서 자기 고유의 채색된 분위기 안에서 움직일 필요가 있다. 물론 그림의 어떤 부분에 부여된 특별한 색조가 중심이 되어서 다른 색조들을 지배하기는 한다. 모든 사람들은 노란색, 오렌지색, 붉은색이 기쁨, 풍부함, 영예 그리고 사랑의 개념을 불러일으키고 표현한다는 것을 알고 있다. 그러나 수천의 노란 혹은 붉은 분위기가 존재하며, 다른 모든 색채들은 지배적인 분위기에 의해 논리적으로 그리고 비율적으로 영향을 받을 것이다. 색채의 예술은 분명 몇몇 측면에서 수학과 음악에 연결된다.

보들레르는 색채와 음악 그리고 수학 간의 방법론적 유사관계가 작품 구성의 논리에 있다는 점에 관심을 갖는다. 그렇다면 보들레르가 의미하는 작품의 구성이란 무엇인가? 20세기 시인이자 보들레르의 후계자인 이브 본느프와(Y. Bonnefoy)

는 이러한 질문을 던지며 그 질문에 스스로 대답한다.

(작품의) 구성이란, 현재 활동하는 정신의 자유이다.……
그것은 색채와 형태에 관한 작업일 뿐만 아니라 화가의 욕
망, 정열 그리고 애정이다.

초현실주의 시인 앙드레 브르통

19세기의 시인들인 빅토르 위고, 보들레르, 랭보(Rimbaud),
로트레아몽(Lautréamont) 등이 상상력을 논리의 위험으로부터
점차적으로 떼어놓는 데 성공했지만, 그것을 극단적으로 밀고
나간 것은 앙드레 브르통을 위시한 초현실주의 시인들의 임무
였다. 네르발에서부터 아폴리네르(Apollinaire)에 이르기까지
100여 년의 프랑스 시의 역사는 이 전인미답의 영역을 탐사하
는 준비를 해왔지만 초현실주의에 이르러서야 본격적으로 상
상력의 해방과, 그 위험, 그 대담함이 전개되기 시작한다.

「초현실주의 제1선언 Manifeste du surréalisme」(1924)에서
『비법 17 Arcane 17』(1945)에 이르기까지 브르통은 치열하게
상상력의 권리의 숭고함을 주장하고, 인간의 모든 다른 능력
들보다 상상력의 힘이 우위에 있다고 말했다. 그는 "시적 상
상력의 기원으로 거슬러 올라가며, 또한 그보다 더욱 시적 상
상력에 집착하는" 것이 중요하다고 주장한다.

시의 영역을 무한하게 확장시키는 이러한 경험은 상상의

앙드레 브르통.

세계를 논리적 사고의 요구들로부터 완전히 벗어난 하나의 독립적 실재로 여기는 것이다. 보들레르와 말라르메를 중심으로 한 상징주의 시인들은 시적 이미지에서 새로운 원천을 찾고, 새로운 주술의 힘을 발견했다. 그럼에도 불구하고 그들은 자신들의 시적 추구를 조화와 시의 음악성 추구라는 고민과 병행시켜왔다. 그들과는 달리 『착색 판화집 *Illumination*』의 랭보와 로트레아몽 그리고 초현실주의자들은 상상력을 모든 굴레로부터 해방시키고 상상력의 유일한 힘을 믿었다. 그들은 "이성에 의한 어떠한 감독도 받지 않고, 미적인 혹은 윤리적인 관심에서 완전히 떠난" 상상력을 이용하였다. 브르통이 정의하는 초현실주의는 은유적인 창의력의 완벽성에 대한 믿음, "상상력의 힘은 절대로 지배될 수 없다"는 믿음에 기초하고 있다. 1922년, 바르셀로나의 한 강연에서 브르통은 이러한 해방의 조짐을 다음과 같이 발표한다.

언젠가는 과학들이 처음 보기에는 자신들과 대립적으로

보이는 이 시적 정신에 접근할 날이 오게 될 것이다. 지금 그 과학들의 쇠사슬을 끊고, 여러 측면에서 부드럽게 휩쓸 준비가 되어 있는 것은 바로 발명이라는 천재이다.

1924년부터 브르통의 어조는 더욱 확실해지고 많은 사람들로부터 설득력을 얻었다. 브르통은 상상력의 해방이 어떤 결과를 낳든지 간에 전통적인 예속에서 상상력을 벗어나게 하는 것이 중요하다는 확고한 믿음을 갖고 있었다.

상상력을 노예 상태로 축소시킨다는 것은……우리의 내면에서 발견할 수 있는 숭고한 정의를 외면하는 것이다. 오직 상상력만이 존재할 수 있는 모든 것을 내게 가르쳐준다.

자동기술법의 초기 작업, 꿈과 무의식의 탐구, 꿈의 이미지나 신문에서 오려낸 제목들을 결합하여 만든 초현실주의 시 등의 경험을 통하여 브르통은 "상상력은 이제 그의 권리를 회복할 단계에 왔다"고 확신한다. 그런 이유로 초현실주의는 모방의 시와 예술을 파괴하고 그 자리에 순수한 창조의 시와 예술, 해방된 상상력만의 순수한 창작품을 대체하는 데 전력을 기울인다. 이제 시인과 예술가는 대상의 종속에서 벗어난 현대 예술의 특권이자 쟁취인 완전한 창의력의 자유를 즐기려한다. 초현실주의는 상상력의 자율성이라는 원칙 위에 있으며, 그 존재 이유는 바로 이 원칙 위에 세워져 있다. 이러한 상상력의 해방은 단지 시와 예술의 새로운 개념을 낳았을 뿐만 아니라 인간 정신의 해방과 인간의 사회적 해방까지도 결정하는 방향으로 전개되기에 이른다.

앙드레 브르통은 창의력을 해방시키는 데 만족하지 않고, 상상력의 진정한 '현상학'을 탐구하며 상상적인 능력의 기능을 실험적으로 연구하는 데 몰두하게 된다. 이브 탕기(Y. Tanguy)의 회화에 대하여 브르통은 "예술적 상상력의 전개 능력은 우주의 다양한 현상들과 은밀한 관계를 맺고 있다"고 지적한다. 이 은밀함이 상상력으로 하여금 우주에 대응하고 현상들을 변화시키는 능력을 갖게 만든다. 여기서 상상력은 인간 미래의 해방의 도구가 되고 세계와 물질 변화의 동인(動因)이 된다. 즉, 상상력은 하늘에서 받은 능력이나 시적 은총이 아니라 바로 '전형적인 정복의 대상(par excellence objet de conquête)'인 것이다. 앙드레 브르통에게 있어서 상상력은 본질적으로 교란을 일으키고 갑작스럽고 예기치 않았던 재앙을 부를 수 있는 변화시키는 힘, 혁명적인 힘이다. 상상력으로 인해 시인은 세계의 구조와 의미에 대해 다시 생각해보고, 세계의 구성 요소들을 가지고 세계를 새롭게 재구성한다.

『흰 머리털이 난 권총 Le Revolver à cheveux blancs』의 서문에서 브르통은 상상의 세계(l'imaginaire)에 대해 새로운 정의를 시도하기도 한다. "상상의 세계는 현실이 되는 경향을 보인다." 초현실주의가 이해하는 절대적 현실(le réel absolu)은 자연주의 미학의 대상들인 외부의 모델이나 물질적 자료들과 혼동

되어서는 안 된다. 왜냐하면 상상력은 가능성과의 동일화이기 때문이다. 즉, 상상력의 기능은 외양의 세계에 실재를 부여하고, 현실을 심화시키고, 직감적으로 가능성의 심장부에 침투해 들어가는 것이다. 그래서 상상력 속에서 그 현실이 포함하고 있는 암시적인 계시들을 이해하게 된다. 헤겔(Hegel)의 뒤를 따라 브르통은 상반되는 것들을 결합시키고, 초현실의 범위 안에서 그 둘을 하나로 만들 수 있는 변증법적 열쇠를 찾으려 한다. 다시 말해서 브르통은 주체와 대상, 정신과 물질 사이의 경계를 허물고, 꿈과 행동, 심리적 현실과 외부적 현실이 상응하도록 노력한다. 초현실주의 운동 초기부터 초현실주의자들은 자연과 초자연, 의식과 무의식 사이의 은밀한 연결이 있다고 생각했다. 현실과 상상 사이에 단절이 존재하는 것이 아니라 연관성이 있는데, 시인의 역할이 바로 그 연관성을 찾아 드러내주는 것이라고 생각한 것이다. 1924년 브르통은 이미 정신적인 삶의 모순적인 요소들이 서로 뒤섞이기 위해 모여드는 '일종의 절대적 현실성, 즉 초현실성'의 존재를 믿고 있었다. 1930년에는 브르통은 이를 좀더 자세히 부연 설명한다.

　　삶과 죽음, 현실과 상상, 과거와 미래, 소통 가능한 것과 소통 불가능한 것이 모순으로 인식되지 않는 정신의 어떤 점이 존재한다는 것을 모든 것이 믿도록 해준다. 그런데 초현실주의 활동에서 이 점을 설정하려는 희망 이외에 다른 동기를 찾으려 한다면 그것은 헛된 일이다.

미셸 카루즈(M. Carrouges)에 의하면 상반되는 것들이 통합되는 초현실적 장소는 '현실의 전체성'을 포함하는 속성을 갖는다. 이는 '창조의 기원점'을 상징하는 신비주의자들의 숭고한 점과 동일하다. 그렇지만 브르통이 주장하는 초현실은 신의 존재를 포함하고 있지 않으므로, 신비주의자들이 주장하는 숭고한 점이라기보다는 현실 속에 육화되어 있다고 보는 것이 옳다. 그러므로 브르통의 초현실은 내재성의 원칙에 대응하고 있다.

　내가 사랑하고, 내가 느끼는 모든 것들은 내재성의 특수한 철학에 이끌리도록 하는 것인데, 그 철학에 따르면 초현실은 실재의 외부나 상위에 속하는 것이 아니라 실재 그 자체 속에 포함되어 있을 것이다.

　그래서 절대적 현실이란 통합하는 힘이고, 세계에 내재하는 중심이다. 그것은 주체와 대상의 외양상으로 보면 모순적인 요구들이 하나의 지점으로 모이게 하는 자기(磁氣)적인 힘이다. 이 절대적 현실은 존재의 의식적인 능력들뿐만 아니라 그 근본적인 비이성까지도 감싼다.
　시적 창작의 측면에서 보면 절대적 현실은 감각적인 지각과 정신적인 재현의 통합을 이룬다. 초현실주의자들이 지성적인 능력과 감각적인 능력을 결합시키려는 이러한 의지, 구체와 추상을 구분하려는 태도의 이러한 거부는 바로 상상력의 힘에 의거하고 있다. 이 상상력의 힘이 기호와 의미로 표현된 사물과의 중계 역할을 한다.

현대적인 시와 예술에 있어서 대립적인 것의 융합을 축복하는 것은 바로 상상력이다. 상상력은 사물에 대한 지각과 지각된 사물을 재현하는 능력을 결합시키고, 바로 이 종합하는 행위에 의해 사고를 객관화시킨다. 상상력은 이 둘의 기능을 동시에 수행한다고 할 수 있는데, 세계에서는 사물들을, 지각에서는 심리적인 가치와 자율적인 정신적 형상을 추출한다.

오늘날 예술의 중요한 문제는 정신적 재현이라는 것을 상상력과 기억의 의지적인 연습을 통해서 점점 더 객관적인 정확성으로 이끌어가는 데 있다.……오늘날 초현실주의가 이러한 수술을 통해서 얻은 가장 큰 장점은 일반 사람들에게 격렬하게 모순적으로 보이는 두 용어, 즉 지각과 재현을 변증법적으로 조화시키는 데 성공하였고, 이 둘 사이에 놓여 있는 심연에 다리를 놓았다는 사실이다.

지각과 재현은 정신 쪽으로도 향하고 또 물질 쪽으로도 향하는 상상력의 이중의 활동에 대응한다. 이 둘은 상상적인 사고라는 하나의 능력의 이중적인 기능일 뿐이다.

이미지론

초현실주의에서 이미지의 의미는 환각적 이미지와 시적 표현으로 이루어지는 이미지를 포괄적으로 포함한다. 브르통이 이러한 이미지의 시학을 형성하는 데 영향을 받은 시인들로는 로트레아몽, 랭보, 아폴리네르 등이 있다. 그러나 그 이론적 골격은 르베르디(Reverdy)의 이미지론에서 빌려온 것이다. 브르통은 초현실주의 선언문에서 두 번에 걸쳐서 르베르디를 인용하고 있다.

이미지는 정신의 순수한 창조물이다. 이미지는 다소 멀리 떨어져 있는 두 현실의 비교에 의해서 생겨나는 것이 아니라 그 현실들의 접근에 의해서 태어난다.

접근된 두 현실의 관계가 멀수록 그리고 적절할수록, 이미지는 보다 강렬해지고, 보다 큰 감동력과 시적 현실을 얻을 것이다.

그런데 브르통의 이미지론이 르베르디의 그것과 완전히 일치하는 것은 아니다. 르베르디가 브르통에게 미친 영향과 두 사람 사이의 차이점은 「초현실주의 제1선언」에 그대로 수록되어 있다. 브르통은 자기가 이 선언문에서 펼치는 이미지론이 르베르디의 경험과 성찰에 적지 않게 빚지고 있음을 이렇게 밝히고 있다.

　이 말들은 문외한에게는 종잡을 수 없는 것이지만 대단
히 의미심장했다. 나는 오랫동안 그것을 숙고했다.

그는 후에도 르베르디의 결정적 역할을 다시 언급한다.

　누구도 시의 근본적인 수단에 대해 그보다 더 잘 사고하
고 또 사고하게끔 하지 못했다. 시적 이미지에 대한 그의 주
장보다 더 중요한 것은 그 뒤에 아무것도 없다고 생각된다.

브르통이 르베르디의 이미지론을 '오랫동안 숙고한' 것은,
그가 거기서 초현실주의적 정신활동에 대한 어떤 이론적 표현
을 보았기 때문일 것이다. '동떨어진 두 현실의 접근', 즉 사물
들 사이에 거리가 해소되고 세계에 대한 새로운 전망이 열리
는 것이야말로 초현실주의의 야심 가운데 하나이다. 전통적인
수사학에 조금도 아랑곳하지 않은 채 의식의 움직임과 시적
상상력에 대한 순수한 성찰로부터 이미지론을 끌어내는 르베
르디의 태도는 과거의 인식론을 부정하고 정신의 새로운 영역
을 탐색하려는 브르통의 그것과 일맥상통하는 점이 있다. 그
러나 「초현실주의 제1선언」에서 그가 실제로 개진한 것은 시
인의 정신과 이미지와의 관계에 대한 차이이다. 그는 이미지
에 대한 르베르디의 정의에 대해 "그가 일컫는 '동떨어진 두

현실'이란 것을 의도적으로 접근시키는 것은 불가능한 것 같다"고 말한 뒤 이렇게 단언한다.

> 내 생각으로는, 대립하는 두 현실의 '관계를 정신이 포착했다'고 주장하는 것은 잘못되었다. 정신은 처음에 아무것도 의식적으로 포착하지 않았다. 우발적이라고 할 수 있는 두 항의 접근에서 독특한 빛, 즉 이미지의 빛이 뿜어 나오는 것이다.

이처럼 브르통은 이미지가 생산되는 과정에서 정신의 역할을 부정한다. 이미지는 정신의 작용에 의한 의도적 또는 의식적 결실이 아니라 초현실주의적 활동에 의한 우연하고 순간적인 산물이라고 파악한 것이다. 그가 초현실주의적 활동이라 부르는 것은 무의식의 활동과 크게 다르지 않을 것이다. 그렇다면 브르통의 이미지는 정신의 모든 적극적 요소가 부재하는 의식의 완전한 수동적, 수용적 상태에서 일종의 연상 작용에 의해 창조된다고 볼 수 있다.

그는 한발 더 나아가 이미지는 정신 작용에 선행할 뿐만 아니라 창조된 뒤에는 '정신의 유일한 길잡이'가 된다고 강조한다.

> 정신은 차츰차츰 이미지의 지극히 높은 현실성을 이해한다. 처음에는 이미지를 받아들이는 정도지만, 정신은 곧 그

것이 판별력을 조장시키고 지식을 확대시킨다는 것을 깨닫
게 된다.

정신과 이미지의 관계에 있어서 브르통은 르베르디의 관점
을 정확히 도치시키고 있는 것이다. 르베르디에겐 정신이 먼
저 있고 그 다음에 이미지가 있다. 인과율로 따진다면, 정신은
원인이 되고 이미지는 결과가 된다. 그러나 브르통에겐 이미
지가 우선적으로 존재한다. 정신은 단지 그 다음에 이 이미지
를 파악하고 그것에서 자양분을 얻을 뿐이다. 결국 브르통은
"르베르디의 귀납적인 미학은 나로 하여금 결과를 원인으로
여기게 했다"고 고백한다.

보들레르가 다양한 감각들 사이의 관계와 가시적인 것과
비가시적인 것 사이의 관계를 스웨덴보리가 쓰던 용어를 빌려
와 '상응(correspondance)'이라고 했다면, 앙드레 브르통은 '일
치(coïncidences)'라는 용어를 선택한다. '상응'과 '일치'는 유사
한 의미처럼 보이지만 이 둘 사이에는 차이점이 있다. 상응이
란 개념은 상상력이 지각한 논리적 일관성의 관계, 즉 유추의
관계를 함축하고 있다. 아니 적어도 어느 정도 초현실적이고
일관성 있는 질서 위에 바탕을 둔 관계, 그 속에서 우연이 큰
작용을 하지 않는 관계를 의미한다. 반대로 일치라는 개념은
모든 논리와 이성적 기준을 배제하며, 우연과 직접성의 전능
한 힘 위에 바탕을 두고 있다. 일치는 예기치 않은 이미지들의
솟아오름, 시의 영역에서 중요한 자의성(arbitraire)과 기괴함의

분출을 포함한다. 상응의 경우에는 상상력이 그 숭고함을 지니고 있으며 이성적 의식의 지배와 연결되어 있다. 반면에 초현실주의 상상력은 폭발적인 일치를 포착하는 데 주의를 기울이면서 모든 논리적 제약으로부터 벗어난다.

브르통이 초현실주의 시에 부여한 근본적인 임무 중의 하나는 바로 비이성의 세계에 침투해 들어가, "갑작스러운 접근과 깜짝 놀라게 하는 일치라는, 금지된 세계 속으로" 들어가는 것이다. 일치는 감각적인 세계의 대상들 사이에서 예기치 못한 관계를 이어주고, 시인으로 하여금 정신적 세계의 수수께끼 속으로 접근할 수 있도록 인도한다. 아쉴 고르키(A. Gorky)의 회화에 대하여 브르통은 "정신적 감옥의 열쇠는……유추들의 무제한적이고 자유로운 놀이 속에 있다"고 설명한다. 일치는 보들레르의 상응보다 더욱 통합적으로 상호성과 등가의 원칙이 적용된다. 그래서 일치는 결코 미리 사고된 질서, 혹은 균형을 이루는 조화의 모습으로 나타나지 않는다. 일치는 갑작스럽게 솟아오르고, 거리를 두고 있는 두 사물의 자의적인 접근에 기인하는 충돌과 충격을 낳는다.

이렇게 이미지는 자신이 세워놓는 두 사물의 접근의 무상성에 의해 특징지어진다. 이 무상성이 놀라움을 낳는다. "놀라움은 조건 없이 놀라움만을 위해 추구되어야 한다. 놀라움은 단 하나의 대상 안에서 자연과 초자연의 뒤섞임 속에만 존재한다." 이미지는 자신이 부여받은 변화의 능력으로 극과 극 사이의 공간을 돌아다니며, 자신의 촉매 역할을 통해 가장 놀라운 결합과 가장 대담한 변모를 성공시킨다. 이미지는 헤겔이 사용하는 의미의 변증법적인 가능성을 갖고 있다. 이미지는 두 사물들의 본질이나 거리와는 상관없이 두 사물을 갑작스럽게 결합시키고, 두 사물 사이를 갈라놓는 거리를 없애버린다. 바로 이러한 이미지의 힘이 브르통이 초현실주의적 기원으로 계속 강조한 점이다. 1924년 브르통은 상상력을 "떨어져 있는 두 현실에 도달하여, 그 둘의 접근에서 불꽃을 이끌어내는……경이로운 능력"이라고 정의하였다.

「초현실주의 선언」에서 그는 이를 다음과 같이 부연 설명하고 있다.

우리가 지극히 민감하게 느끼는 한줄기의 특수한 빛, 이미지의 빛이 솟구쳐 오르는 것은 말하자면 두 단어의 우연한 접근을 통해서이다. 이미지의 가치는 이렇게 해서 얻어진 불꽃의 아름다움에 의해 좌우되는 것이며 결과적으로 그 가치는 두 개의 전도체 사이에서 발생되는 전위차(電位差)에 따라 결정된다.

이미지는 지성의 논리적인 작용에 의해 발생하는 것이 아니라 정신의 순간적인 창조물이고, 갑작스러운 번쩍임이다. 그리고 일반적으로 인간의 시선이 습관적으로 분리하려는 두 현실적인 대상의 갑작스러운 결합이다. 이미지는 두 개의 현실적인 대상들을 접근시키고, 그 둘을 분해하고, 그 둘을 섞어서 그 속에서 상상적인 대상을 이끌어낸다. 상상력은 물질의 저항을 깨어버리고, 감각적인 세계의 일상적인 경계를 허물면서 초현실에 도달한다.

브르통과 마찬가지로 엘류아르(Eluard) 역시 이미지와 시를 동일시한다. "유추에 의한 이미지(이것은 저것과 같다)와 동일성에 의한 이미지(이것은 저것이다)는 쉽사리 시에서 분리되어 그 자체로 홀로 시가 되려는 경향이 있다." 그는 이어서 "하나의 이미지는……한 편의 시 전체가, 심지어는 한 편의 긴 시가 될 수도 있다"고 말한다. 또, 아라공(Aragon)은 초현실주의의 시적 활동을 이미지란 개념으로 다음과 같이 정의하고 있다.

'초현실주의'라고 불리는 악습은 마약과 같은 '이미지'를 구속 없이 열광적으로 사용하는 것이다. 보다 정확히 말해, 그것은 이미지가 초래하는 예측할 수 없는 혼란과 변형을 위해 그리고 이미지 자체를 위해 이미지를 통제 없이 부추기는 것이다. 왜냐하면 각각의 이미지는 매번 당신으로 하여금 세계 전체를 재검토하게 만들기 때문이다.

초현실주의 시인 앙드레 브르통이 상상력의 힘을 시적 이미지로 변화시켜 새로운 길을 가고 있을 때, 프랑스 철학자들도 상상력의 힘을 되찾으려는 움직임에 합류한다. 그 선구자로는 프로이트(S. Freud), 융(C.G. Jung) 등의 정신분석가, 카시

러(E. Cassirer)와 같은 신칸트주의 철학자, 리쾨르(P. Ricoeur) 같은 해석학자 그리고 그 외에 엘리아데(M. Eliade), 코르뱅 (H. Corbin) 등의 종교 연구가들이 있다. 그들은 상상력이 인식의 하위 개념이 아니라 인간 인식활동에 있어서 그 무엇보다 원초적이며, 인간의 개념적 사유의 바탕에는 상상력이 자리잡고 있다는 사실을 밝혀주었다. 특히 바슐라르를 통해, 인간의 상상력은 인간과 세계, 인간과 인간, 인간과 우주와의 은밀한 합일을 가능케 하는 기능을 가지며, 인간을 존재의 근원에 대한 성찰로 이끄는 기능을 가지는 것으로 밝혀진다.

상상력의 철학

가스통 바슐라르 : 상상력의 코페르니쿠스적 혁명

　20세기에 들어 상상력이 현실 세계의 변형과 변모를 가능케 하는 놀라운 창조성을 지닌 것으로 새롭게 인식되게 된 것은 바로 가스통 바슐라르(G. Bachelard, 1884~1962) 덕분이다. 본인 스스로가 '상상력에 대한 코페르니쿠스적 혁명'이라고 자칭한 그의 상상력에 관한 업적들은 앞서 우리가 살펴보았던 상상력, 이미지에 대한 업적이 다소 제한적이고 부분적이었다는 것을 말해준다. 이에 반해 바슐라르에 이르면 상상력이 인간 정신활동의 보편적인 기능으로 자리잡을 수 있는 기틀이 마련된다. 그가 그런 기틀을 마련할 수 있었던 것은 역설적이게도 그가 애초부터 상상력의 가치를 높이 평가하고 그것의 창조성과 자율성을 탐구하겠다는 야심으로부터 출발한 것이 아니라, 상상력과 이미지를 억압하고 그것을 추방해야 진정으로 객관적 인식이 가능하다는 엄격한 과학철학자로부터 출발했기 때문이다. 그가 그 가치와 그 기능을 재발견하게 된 상상력은, 상상력을 제거하고 추방하겠다는 그의 과학적 엄격성 밑에서, 놀랍게도 자발적이며 자생적으로 꿈틀거린다. 이미지와 상상력에 대해 바슐라르가 이룩한 업적과 개념들은 이렇듯 과학철학자로서의 그의 면모와 불가분의 관계를 맺고 있다. 우리가 이미지와 상상력에 대한 바슐라르의 업적과 개념들로 직접 들어가기 전에 과학철학자로서 그가 남긴 업적들을 잠시 살펴보고자 하는 것은 그 때문이다.

순수 합리성을 지향하는 과학철학자로서 바슐라르가 제기한 문제는, 이미지 없는 순수 사고는 어떻게 가능한가라는 것이다. 그가 이 질문을 제기한 것은 과학적 인식과 우리가 일반적으로 경험하면서 갖게 되는 삼삭적 인식 사이에는 커다란 단절이 있음을 발견했기 때문이다. 그것을 그는 인식론적 단절이라고 불렀는데, 엄밀한 의미에서의 객관적 사고에 도달하기 위해 그는 그 객관적 인식을 방해하는 요인들―그것을 그는 인식론적 방해물들(les obstacles épistémologiques)이라 불렀다―을 제거하는 방법을 택한다. 그 방법을 그는 객관적 인식의 정신분석(la psychanalyse de la connaissance objective)이라 불렀다. 그것은 부언하자면 "객관적 인식을 불가능케 하는 인식론적 방해물을 제거"하고 "본능의 개입을 과학적 지식에서 제거하겠다"는 것이다. 그 인식론적 방해물에 해당되는 것들이란 다름 아닌 원초적 경험, 일반적 인식, 친숙한 이미지의 언어적 확장, 역사적 상황이나 정서에 뿌리를 둔 확실치 않은 사고들이다. 그 중 원흉을 이루는 것은 역시 몽상에서 비롯된 시적인 이미지이다. 객관적 인식의 정신분석을 행하겠다는 태도는 따라서 일반적으로 객관적이고, 과학적이라고 믿고 있는 인식들이 사실상 비과학적이고 비합리적인 인식에 물들어 있다고 공격한다. 그리고 그러한 것이 제거된, 말 그대로 '순수한 과학정신'의 가능성을 탐구하려 한다. 우리는 과학철학자로서의 그의 그 엄격성이 바로 데카르트의 방법적 성찰의 연장선상에 놓여 있음을 쉽게 확인할 수 있을 것이다.

이와 같은 태도로 과학사(科學史)를 연구한 바슐라르는, 과학사가 우리가 흔히 생각하듯이 지식의 축적에 의해 진보해온 것이 아니라고 결론짓는다. 바슐라르는 과학사를 전(前)과학정신의 시대(코페르니쿠스의 지동설 이전), 과학정신의 시대(코페르니쿠스부터 뉴턴까지), 신(新)과학정신의 시대(아인슈타인의 상대성이론 이후)로 나누었다. 그리고 그는 전과학정신의 시대에서 과학이 발전한 결과 과학정신을 낳고, 과학정신의 시대에서 발전한 과학이 신과학정신을 낳은 것이 아니라, 그 각각의 단계 사이에는 단절이 있다고 주장했다. 즉, 뉴턴의 역학이 발전하여 아인슈타인의 상대성이론을 낳은 것이 아니라 뉴턴의 역학을 낳은 인식적 토대와 상대성이론을 낳은 인식적 토대는 완전히 상이하다는 것이다. 그렇다면 과학사는 상이한 인식의 교대만 보여줄 뿐 전혀 발전해온 것이 아니란 말인가? 바슐라르는 과학은 분명히 발전해왔다고 말한다. 그리고 그러한 발전의 모습을 보여줄 수 있는 것이 바로 '감싸기'의 개념이다. 즉, 뒤에 나온 과학정신은 그 인식적 토대에서 볼 때 앞선 시대의 과학정신과 단절되어 있지만, 앞선 시대의 과학정신을 틀린 것으로 부정하는 것이 아니라, 일정한 조건 하에서만 옳다는 식으로 부분적으로 감싼다는 것이다.

과학사에서 보여주는 '단절과 감싸기'의 개념은 과학의 발전을 부정하지는 않는다. 하지만 그러한 발전은 오귀스트 콩트 같은 실증주의자가 주장하는 선조적 발전과는 근본적으로 그 발상이 다르다. 콩트의 선조적 발전 개념에는 필경 이성의, 과학의 승리 단계가 설정되게 마련이다. 하지만 바슐라르에 의하면 새로운 과학정신은 현재의 과학정신을 이어받아 그것을 더욱 발전시킴으로써 탄생하는 것이 아니다. 바로 그것을 부정하고 새롭게 과학적으로 사유하려고 애쓸 때에만, 즉 현재의 과학정신이 물들어 있을지 모를 인식론적 오류를 교정하려고 애쓸 때에만 탄생하는 것이다. 따라서 과학사는 지식의 계승과 축적의 과정이 아니라 계속되는 오류 교정의 역사이다. 그 오류 교정의 노력 덕분에 앞선 과학과 단절된 새로운 과학정신의 탄생이 가능해진다. 그리고 과학정신이 끊임없는 발전을 추구하는 것이라면 '현재의 과학' '현재의 합리적 정신'도 여전히 오류 교정의 대상, 부정의 대상이다. 그것은 필경 다음 단계의 과학정신에 의해 '단절'되고 '감싸일' 운명에 놓여 있다고 보아야 한다. 즉, 과학의 발전은 끝이 없으며, 더 나아가 합리성 자체도 고정불변의 것이 아니라 끊임없는 수정의 과정에 놓여 있게 된다.

과학철학자로서 바슐라르가 제기한 그러한 문제들은 사실 과학이나 합리주의의 개념 자체를 과학성, 합리성의 이름으로 뒤흔들어놓기에 족하다. 주지하다시피 과학은 객관적 진리의 추구를 그 목표로 삼는다. 과학적 지식이 객관적이다라는 것은 그것이 보편적으로 그 어떤 현상에도 적용되는 항구성을 지니고 있다는 것을 말한다. 데카르트의 합리주의 역시 그 모든 것이 불확실할 때도 변함없이 존재하는 코기토의 절대적 항구성에 근거해 있다. 그런데 바슐라르는 그 항구성 자체를 뒤흔들어 놓으며, 참된 과학정신은 오히려 절대 진리의 존재를 의심하는 데서만 탄생한다고 말한다. 그리고 바슐라르는 "객관성은 목표이지 현상이 아니다" "인간은 언제나 근접인식을 할 수 있을 따름이다"라고 말한다. 바슐라르의 신과학정신은, 합리적인 인식에 방해가 되는 비합리적인 부분을 제거하고 의심할 바 없는 객관적 인식에 도달하려는 노력의 엄격성 자체에 의해서, 역설적이게도 단 하나의 합리성, 유일한 합리적 인식에의 믿음 자체를 부정하는 결과를 낳는다. 이는 합리적 인식 자체의 부정을 의미하는 것이 아니라 합리적 인식에 대한 인식의 변화를 의미한다. 바슐라르가 부정하는 것은 합리주의 자체가 아니라 코기토의 항구성을 믿는 굳어 있는 합리주의이다. 그러한 합리주의는 '코기토가 영원하다'는 인식론적 오류를 보여줄 뿐이며, 따라서 그러한 합리주의는 열린 합리주의의 이름으로 부정되고 극복되어야만 한다는 것이다.

바슐라르의 새로운 합리주의는 합리적인 것이나 객관성이 사고의 주체에도 대상에도 객관적으로 존재하는 것이 아님을 보여준다. 합리적인 형태(forme rationnelle)와 물질적 힘(puissance matérielle) 사이에는 변증법적인 상호 영향관계가 존재한다는 것이다. 그것들은 진정한 합리적 정신 속에서는 서로 단절된 채 어느 것이 원초적으로 중요하냐고 겨루는 관계로 드러나지 않고 상호 영향을 받는 관계로 드러난다. 따라서 바슐라르는 선험적인 것으로부터 경험을 따로 떼어내서 사고(관념)를 경험의 총화로 보는 경험주의를 거부한다. 또한 사고는 대상에 응용됨으로써 약화된다는 관념철학도 거부한다. 합리주의는 경험과 단절되어 있는 것이 아니라 경험과 결부되어 그것을 증폭시킨다. 경험과 개념화는 따로 분리되는 것이 아니다. 우리의 개념화가 바로 우리의 경험이다. 합리적인 사고에서 중요한 것은 현실의 객관화가 아니라 현실 탐구 내에서의 사고의 객관화이다. 객관성은 객관화의 방법에 있지 하나의 현상 혹은 현실로 주어지지 않는다. 그러한 생각에서, 바슐라르의 목표는 사고하는 주체 중심의 영원불변의 합리성이나 존재하는 사물로부터 오는 객관성을 획득하는 데 있지 않다. 그의 연구는 하나의 대상을 만났을 때 그 어떤 인식론적인 방해물로부터도 자유로운 순수 객관정신은 어떻게 가능한가를 탐구하는 방향으로 나아간다.

따라서 바슐라르의 새로운 과학정신은 '주관적 오류'의 교정이라는 문제와 연결되어 '객관적 인식의 정신분석(La psychanalyse de la connaissance objective)'이라는 심리학적 용어와 만나게 되고 그 자리에서 나온 것이 바로『불의 정신분석 *La psychanalyse du feu*』이라는 책이다.

『불의 정신분석』

바슐라르가 이 책을 쓰게 된 동기에 있어 특히 '불'을 선택한 것은 '불'이라는 현상이 그 대상에 대한 객관적 인식을 그 무엇보다도 가장 잘 방해하기 때문이다. 즉, 불 앞에서 인간은 누구나 잘못 생각할 준비가 되어 있다. 예를 들어 "불이 무엇이냐?"라는 질문을 받으면 우선 주관적이고 심리적인 가치를 먼저 부여하려 하면서 정작 '불' 현상의 객관적 설명은 할 수 없게 된다. 그리고 인류가 남긴 불에 관한 기록ㅡ몽상의 기록, 불에 관한 과학적 설명의 기록 등등ㅡ이 그 어떤 대상에 대한 기록보다 많다는 것 역시 이를 뒷받침한다. 그 기록이 모두 오류의 기록이라는 의미에서, 인간이 하나의 대상에 대해 잘못 생각하는 것은 그 기록의 다양함을 보면 알 수 있기 때문이다. 따라서 '끊임없이 오류를 빚는 인간 정신의 근원'을 탐구하기 위해서는 불에 관한 기록들을 검토해보는 것이 가장 손쉽고 좋은 방법이 되는 것이다.

"있는 그대로 현실을 보아서는 안 된다(Il ne faut pas voir la réalité tel que je suis)"라는 제사(提辭)에서 볼 수 있듯이, 이 책의 의도는 불에 대한 인식적 오류들을 살펴보고 그 오류들을 교정하면서 오류를 빚는 정신의 근원에 가보겠다는 것이다. 그러나 이 책을 쓰면서 잘못된 신념, 주관성의 오류들, 부질없는 생각들을 모으는 동안에, 그는 그가 비판하고자 했던 그 오류들에 오히려 매혹당한다. 더욱이 책의 끝부분에서는, 불이 요구하는 콤플렉스의 유혹 앞에서, "몽상에 진정한 자유와 창조적 심리 기능을 부여해주는 날렵한 변증법을 더 잘 드러낼 수 있도록" 우리가 그에 빠지길 권하기도 한다. 아니, 권하는 것이 아니라, 그 자신이 바로 그 유혹에 빠져, 상상력의 놀라운 창조성에 자신을 맡긴다. 제거하려던 오류는 어느새 놀라운 창조활동으로 뒤바뀐 것이다. 그때부터 바슐라르는 과학철학자로서의 활동과 시적 이미지에 대한 탐사활동을 병행하기에 이른다.

그렇다면, 본인 스스로 '상상력의 코페르니쿠스적 혁명'이라고 말하면서 스스로도 놀란 '상상력에 대한 인식론적 전환'의 내용은 과연 무엇인가?

우선 바슐라르에 의해 인간의 의식 내부에서 상상하는 주체의 의미가 뚜렷해진다. 바슐라르는 인간의 상상력이, 소위 추상화를 지향하는 객관적 인식의 입장에서 보자면 인식론적 방해물이라고 규정한다. 그러나 동시에 이 인식론적 방해물은 인간이 이 세상과 정서적으로 결합하는 최초의 인식방식으로서 과학적 인식과는 다른 창조성과 현실을 갖는다. 상상력의 힘, 이미지와 현실을 변형하고 창조하는 그러한 상상력의 힘 은 최소한 세 단계의 역동적 층위에서 작용한다.

첫째, 이미지들은 우리가 지각한 것들이 수동적으로 각인되 어 표현된 것들도 아니고 밤에 꾸는 꿈처럼 무의식의 활동의 결과도 아니다. 바슐라르는 융의 아니마(여성성)와 아니무스 (남성성)의 개념을 빌어와, 상상력은 인간의 깊은 심리 속의 아 니마의 활동 영역에 속하고 개념화·객관화의 의식은 아니무 스의 활동 영역에 속한다고 말한다. 즉, 상상력과 이성의 활동 은 인간 심리 속의 각기 다른 의식의 활동 영역에 속하는 것 으로서, 상호 보완의 성격을 띠게 된다. 그때 상상력이란 현실 원칙에 대립되는 비현실의 원칙에 의해 지배되는 것이 아니며, 명백한 의식 또는 지각에 종속되는 하위 개념도 아니다. 뒤랑 이 지적하고 있듯이 "합리주의자의 명백하고 씩씩한 의식 내부 에, 과학적 지식활동이라는 엄격성 내부에" 갑자기 내려앉아 "여성적인 천사, 위안해주는 중개자로서 말을 걸어오는" 존재 가 된다. 상상력은 객관성에 입각한 과학주의, 혹은 비인간적인 소외를 향해 미망을 헤매는 의식을 보호해주는 중개의 천사가 된다. 객관성에 입각한 의식이라는 것은 그 자체가 반쪽 의식 일 뿐이다. 그러한 인간 의식 내부의 또 다른 의식이 꾸는 꿈이 라는 의미에서, 바슐라르는 정신분석학자의 무의식의 활동으로 서의 꿈(rêve) 대신에 '깨어 있는 꿈'으로서의 몽상(rêverie)을 상상력의 근간으로 삼는다. 몽상은 잠들어 있을지 모를 우리

속의 아니마의 활동을 부추겨야 하는 것이기에 집중과 훈련을 요하며, 그런 의미에서 산발적이고 저절로 나타나는 꿈과는 구별된다.

둘째, 이미지는 단순한 상징적 형태가 아니라 상상력을 촉발하는, 즉 아니마의 활동을 부추기는 구체적 물질과 만나 활동함으로써 그 의미 내용을 갖는다. 바슐라르는 그 중 대표적인 것으로 물·불·공기·대지라는 4원소를 꼽는데, 그 4원소는 "상상력의 호르몬으로서 우리를 정신적으로 커지게 한다"라고 말한다. 따라서 상상력은 인간 주체의 깊은 심리 속에 그 뿌리를 두고 있지만, 그 상상력의 내용의 관점에서 보자면 우선 물질적 상상력(l'imagination matérielle)으로 나타난다. 즉, 상상력은 인간 심리 속의 아니마가 그 아니마의 활동을 부추길 수 있는 대상과 만나고, 집중적인 몽상을 통해 그 물질과 행복하게 결합한 결과 나타나는 것이다.

끝으로, 상상력의 창조성은 한 주체가 자신의 전 존재를 통해 이미지를 만들어내고 활성화하는 행위, 그리고 새로운 이미지를 만들어내는 행위 자체에 있다. 따라서 그것은 한 주체를 둘러싸고 있는 물질에 의해 결정되는 것이 아니라 주체 자체에 달려 있게 된다. 그러한 창조적 이미지들은 그 끊임없는 변모를 통하여 하나의 잠재되어 있는 의미를 탐사하는 도구가 되고, 그러한 이미지와 상상력을 통하여 이 우주와 존재의 풍요로움을 발견하게 된다.

바슐라르가 발견한 상상하는 자아, 상상하는 주체는 사고하고 분석하는 주체와 대립하면서 그에 균형을 취해주는, 인간 의식활동의 한 부분이다. 동시에 그것은 인간과 세계, 인간과 인간, 인간과 우주와의 은밀한 일치(화합)를 가능하게 해주는 기능을 가진다. 그러므로 종국에는 그러한 상상력의 활동에 의해 존재의 근원에까지 가 닿을 수 있는 것이다. 우리가 낭만주의와 상징주의에서 확인한 자아와 상상력의 개념이 바슐라르에 의해서 '상상하는 주체'의 개념으로 재정립되는 것이다. 그리고 상상력의 힘이란 상상력에 대한 논리적 분석, 즉 아니무스의 활동에 의해서가 아니라 우리의 심리 속의 아니마에게 우리의 넋을 맡길 때 발휘되고 활성화된다. 이러한 의미에서, 즉 아니마의 지향성을 그대로 뒤따르는 것이라는 의미에서 바슐라르의 상상력 연구 방법은 말 그대로 연구 방법일 수 없다. 그것은 이미지가 이끄는 힘에 자신을 맡기고 자신의 넋 속에 아니마의 창조성을 부추기는 이미지의 현상학이 된다.

그렇다면, 분석하고 사유하는 주체가, 즉 합리적인 사유가 끝없이 열려 있듯이 상상력도 무한히 자유로운 것인가? 또, 상상력의 활동이나 이미지에 대한 논리적 접근은 불가능한 것인가? 바로 그 문제가 바슐라르가 이룩한 '상상력에 대한 인식론적 전환'의 두 번째 내용을 이룬다.

단일한 리비도로도 환원되지 않고, 단순히 논리적 이성으로도 환원되지 않는 인간 심리의 복합성, 바로 그 복합성에 뿌리를 내리고 있는 상상력과 상상계는, 그 주체의 수동적 지각으로 환원될 수 없다는 의미에서 무한히 자유로운 영역으로 우리에게 나타난다. 따라서 이미지와 상상력에도 일정한 논리성이 있으며 그에 대한 분류가 가능하다는 생각은 애당초 품기 어려운 것인지도 모른다. 그런데 바슐라르는 물·불·대지·공기의 4원소에 대한 상상력과 몽상의 저술을 써나가는 동안 일견 잡다해 보이는 이미지들—그가 대상으로 삼은 것은 모두 시적인 이미지이다—이 그 형태상으로, 달리 말해 기표적 측면에서가 아니라 그 의미의 측면에서 볼 때, 일정한 몇 개의 축으로 나뉘어 운집하는 것을 발견한다. 그리고 그는 이미지에 에너지를 주는 불변소들이 있음을 발견한다. 즉, 몽상가가 만들어내는 이미지가 복합적이지만 일정한 구성의 형태를 보여준다는 것, 4원소가 드러내는 함축적 의미가 구별된다는 것 등이 그것이다. 그리고 그는 특히 하나의 원소에 대한 몽상이 전혀 대립되는 두 방향으로 극화(bipolarisé)될 수 있음을 보고 대지의 몽상에 대한 글로 『대지와 휴식의 몽상』『대지와 의지의 몽상』이라는 두 권의 책을 쓰기도 했다. 그리하여 그는 "근본되는 몽상은 대립되는 것의 결혼이다"라고 말한다.

과학철학과 상상력철학 작업을 통해 바슐라르는 분명 두 개의 세계를 설정했다. 이 두 세계는 상호 보완적이면서 상호 배척적인 두 요소를 간직하고 있다. 만년의 저서 중 하나인 『몽상의 시학』에서 바슐라르는 자신의 삶을 다음과 같이 요약한다.

불규칙하면서도 근면한 나의 생애, 다양한 책들로 특징지어지는 나의 생애를 요약해야 한다면, 개념과 이미지라는 남성과 여성의 대립 기호 아래 위치시키는 것이 최선일 것이다. 개념과 이미지 사이에 종합은 없다. 양자 사이에 혈연 관계가 존재하지 않음은 물론이다.……자신의 정신을 개념에 바치고, 영혼을 이미지에 바친 자라면 누구나 개념과 이미지가 정신적 삶의 두 개의 상반된 노선에서 발전해가고 있음을 잘 알 것이다.

과학과 시학의 세계, 이성과 상상력의 세계를 함께 사유한 바슐라르의 결론은 양자를 각각 상반되는 두 축으로 간주하는 것이다. 이 두 축은 상반되면서 동시에 상보적인 것이다. 이들은 각각 다른 세계에 속해 있다. 비록 이질적이고 서로 배척하지만, 인간에게는 이들 모두가 필요하다. 시학이 없는 과학만의 세계, 이성이 존재하지 않는 상상력만의 세계, 그 어느 것도 불완전하다. 이들 상반되는 것들이 각각 독립적으로 활동하되, 이들이 모두 작용할 때, 즉 상보적으로 작용할 때 실재에 대한 온전한 인식이 이루어지며, 또한 온전한 인격이 이루어진다고 바슐라르는 보았다.

질베르 뒤랑과 레비-스트로스

질베르 뒤랑은 40여 년 전 그의 첫 번째 저서인 『상상계의 인류학적 구조들 *Les Structures anthropologiques de l'Imaginaire*』을

통하여 상상력이 자유롭고 창조적이라는 사실과 상상력의 세계에 질서가 존재한다는 사실을 동시에 강조하는 것이 상호 모순을 일으키지 않는다는 점을 이미 제시하여왔다. 또한 뒤랑은 여러 번에 걸쳐 자신은 바슐라르의 제자이며, 그가 상상력 연구에서 남긴 업적을 토대로 이미지와 상상력을 인간 의식과 표현의 전 국면으로, 달리 말해 인류학적인 국면으로 확장시킬 방법을 모색하게 되었다고 말한다. 실제로 이미지들을 체제(régimes)와 구조(structures)로 분류하는 그의 상상력의 논리 체계는 하나의 논리, 하나의 공리(公理), 하나의 인식론(épistémologie)이면서, 결국에는 호모사피엔스의 전반적인 생물-인류학적 체계가 된다. 인류가 지닌 포유동물로서의 생물학적 특징과 그것의 표현으로서의 문화·제도·이념의 양극을 모두 유기적으로 연결하는 거대하고 섬세한 체계인 것이다. 그가 최초로 저술한 『상상계의 인류학적 구조들』의 제목이 시사하고 있듯이 그는 애초부터 주관성과 객관성, 역동성과 정태성, 불변과 가변을 모두 종합하겠다는 야심을 품고 있었다. 그 이후 40년간의 그의 작업은 그러한 야심의 수정, 보완이라기보다는 동심원적 확장과 심화의 성격을 띤다. 뒤랑이 바슐라르의 뒤를 잇고 있다고 하지만, 그의 작업은 레비-스트로스(Lévi-Strauss, 1908~1991)가 인류학의 혁신에 큰 영향을 미친 구조주의의 발전에 힘입은 바가 있다고 보아야 할 것이다.

레비-스트로스는 특히 북미와 남미에 퍼져 살고 있는 인디언들의 신화를 연구하면서 신화라는 담화 속에 포함되어 있는

레비-스트로스

신화소(神話素, mythème)를 발견하게 된다. 인류학자인 레비-
스트로스가 발견했던 것은 신화가 어떤 한정된 요소로 구성되
어 있는데, 이 한정된 요소라는 것은 인간의 정신 구조가 만들
어내는 것으로서, 인간의 정신 구조는 이것들을 조합함으로써
더 큰 차원의 변화를 만들어낸다는 것이었다. 그러므로 레비-
스트로스는 신화를 구성하고 있는 어떤 일반적인 조합 논리를
추출해낼 수 있으리라고 생각했다. 레비-스트로스에 따르자면
이 신화적인 구조 논리가 어떤 의미에서는 진정한 수학적 논
리와 거의 유사하며, 인간 뇌병리학적 구조에도 유사하게 비
추어볼 수 있다고 여겨졌다. 1960년대 이후부터 뒤랑은 레비-
스트로스가 했던 이 거대한 작업에 대해서 매혹되는 한편 반
발감과 실망감을 동시에 느꼈다. 레비-스트로스의 연구는 신
화의 논리라든가 담화의 창조적이고 논리적인 면을 보여준 점
도 있지만, 그의 연구 방법은 신화 요소의 존재론적인 깊은 의
미를 걸러내는 데는 한계가 있다고 여겨졌다.

그래서 뒤랑은 신화의 분류에 착수하면서 신화의 내용의 의미 작용 추구에 더 역점을 두게 된다. 그러면서 신화 속에 있는 형태론적인 것뿐만 아니라 신화의 내용이 가지고 있는 의미론적인 분야에 대해서 연구를 하게 된다. 그런 의미에서 뒤랑의 첫 번째 작업은 바로 해석학적 작업이라고 볼 수가 있다. 전통적으로 해석학이라는 것은 철학이라든가 신학적인 전통에서 상징과 신화의 내용을 해석해내는 것이다. 뒤랑의 작품이 '상형적 구조주의(Structuralisme figuratif)'라는 제목을 가지고 있는 것은, 상상계의 구조를 연구하는 데 있어서 그것의 의미론 역시 동시에 고려하면서 연구하겠다는 의도를 포함하기 때문이다. 따라서 상상계의 인류학적 구조에 대한 뒤랑의 탐구는 동시에 두 방향으로 행해진다. 하나는 형식적인 구조 면에서의 논리라든가 상상계가 가진 길항관계 혹은 융합관계 같은 것을 추구하는 것이다. 다른 하나는 이 상상계에 존재론적인 가치와 정감적 가치를 부여하는 것으로서, 이 정감적 가치는 공격적 요소라든가 융합적 통합을 추구하는 요소를 다 포함할 수 있다.

이러한 종합적인 관점에서 뒤랑은 상상계(l'imaginaire)를 커다란 두 체제로 분류했다. 그 중 하나는 낮의 체제이고 다른 하나는 밤의 체제이다. 두 체제는 서로 다른 이미지로 구성되어 있고, 서로 다른 메타포를 사용하게 된다. 첫 번째로 낮의 체제에서는 상상력이 논리적이라든가 길항적 작용이라든가 모순관계라든가 대립관계를 보여주며, 밤의 체제에서는 상상력이 좀더 상호간에 관계를 맺으려 노력하든가 융합적이라든가 호의적이라든가 하나의 단위로 귀환하려는 경향이 있다는 것이다. 여기서 그는 구조보다 체제라는 용어를 사용하는데, 우리는 체제라는 말이 구조보다 훨씬 더 넓은 의미로 사용될 수 있다는 점을 지적하여야 한다. 체제라는 용어는 종국에는 인간이 세상과 자연에 대해서 맺고 있는 관계, 세상에 존재하는 방법을 보다 큰 범주에서 보여줄 수 있는 용어이다. 바로 그 이유에서 뒤랑은 체제보다 하위 차원에서 구조를 이야기하며, 그 구조는 체제와는 달리 셋으로 나뉘어 있다. 이 구조 분류를 위하여 뒤랑은 인간 동일성의 근거를 탐구한 생물학(더 구체적으로는 반사학)의 연구 성과를 좇아갔다.

뒤랑은 분류의 원칙을 위해 레닌그라드학파의 베흐테레프(W. Betcherev)가 정립한 반사학(réflexologie)에서 '지배 몸짓(gestes dominants)' 개념을 차용한다. 뒤랑은 인간에게서 몸짓(지배 반사)이 가장 근원적이라고 판단한다. 베흐테레프를 비롯한 반사학자들은 인간에게 세 가지의 '지배 반사(réflexe dominant, 다른 모든 반사들을 억제하는 반사)'가 있음을 밝혀내었다. 이들은 우선 갓난아이에게서 두 가지 지배 반사가 존재함을 발견했다. 첫 번째 지배 반사는 '자세(position)' 지배 반사로서, 인간의 균형을 유지시키는 반사이다. 만일 어린아이의 몸을 수직으로 세우면 그 지배 반사가 다른 모든 반사들을 조정하고 억제한다. 두 번째 지배 반사는 신생아의 '영양 섭취(nutrition)' 지배 반사이다. 이는 '입술로 빨아들이기 반사'와 '머리를 적

절한 방향으로 위치시키는 반사'를 말한다. 신생아가 젖을 빨때 영양 섭취 반사는 다른 반사들을 제어한다. 세 번째 지배 반사는 '짝짓기(copulation)' 지배 반사이다. 사실 이 반사는 성장한 동물 수놈을 통해서 연구된 반사이다. 이 지배 반사는 실험적인 증거가 충분하지는 않지만, 뒤랑은 이 난점을 정신분석학과 생리심리학에서 보충하고자 한다. 이들 학문들에서는 성적인 충동이 동물의 행동에서 매우 강력한 지배 요소임을 가르치고 있다.

뒤랑은 반사학을 길잡이로 삼아 원형들(archétypes)과 상징들(symboles)의 거대한 분류체계를 세운다. 그는 세 가지 지배 반사에 입각하여 상상계의 주된 내용물들을 세 가지의 구조 (structure) 혹은 도식(schème) 그룹으로 분류한다.

분열형태 구조

이는 자세 지배 반사와 연관된다. 분열형태(schizomorphe) 구조라고 뒤랑이 명명한 것은 이 구조가 분열(分裂) 행위를 강조하기 때문이다. 왕홀(王笏)과 검의 원형들로 분화되는 분열과 수직화 도식들이 이 구조 속으로 분류된다. 여기서는 분열, 분할, 대조가 중시된다. 이 구조는 '영웅적(héroïque)' 구조라고도 불린다. 왜냐하면 이 구조가 영웅·선·전사(戰士)의 괴물·악·어둠에 대항한 싸움의 이미지들과 주제들을 선호하기 때문이다. 뒤랑에게 상상력(이미지화)의 핵심은 시간, 변화 그리고 죽음 앞에서 느끼는 불안의 극복이다. 상상력과 표상(représentation)

작용은 그 자체로 운명에 대한 저항(anti-destin)이다. 분열형태 구조에서 시간을 벗어나는 방법은 초월이다.

신비 구조

이는 분열형태 구조와 상반되는 구조로서, 영양 섭취 지배 반사와 연관되어 있다. 동화(同化), 동일시, 결합 행위가 이 구조의 특징을 이룬다. '신비적(mystique)'이라는 용어는 특별히 레비-브륄(Lévi-Bruhl)의 '신비적 참여(participation mystique)'라는 개념에서 빌어온 것으로, 이는 '참여'의 함의를 강조하기 위해 사용하였다. 이 구조의 내용물은 '내면성'과도 긴밀한 관련을 맺고 있다. 중심으로의 회귀, 틈을 막기, 끼워 넣기 이미지들이 이 구조의 극성(極性) 주위로 배열된다. 이 구조는 잔 (coupe) 원형과 내면적인 깊이를 표현하는 이미지들로 분화되는 하강과 내면화의 도식들을 지니고 있다. 시간의 해독제는 실체의 안온하고 따뜻한 내부에서 찾고자 한다.

종합 구조

이 구조에는 상이한 요소들을 결합시키는 과정을 강조하여 '종합적(synthétique)'이라는 형용어를 부가하였다. 그런데 이는 정립과 반정립의 지양을 의미하는 헤겔(Hegel) 식의 종합과는 무관하다. 따라서 후일 뒤랑은 헤겔적인 함의를 피하기 위하여 '종합적'이라는 형용어 대신에 '산종적(散種的, disséminatoire)' 혹은 '드라마적(dramatique)'이라는 용어를 사용한다. 이 구조는 짝짓기 지배 반사와 결부된다. 무한한 반복의 힘을 표현하는 바퀴나 나무 원형으로 분화되는 리듬 도식들이 이 구조로 분류된다. 여기서는 중심의 원형이 상반되는 것들의 균형을 위한 열쇠로 작용한다. 시간과 운명에 대한 불안은 지속적인 리듬을 통해 극복하고자 한다.

여기서 뒤랑이 레비-스트로스에 비해 어떤 면에서 더 독창적인지 지적해보자. 뒤랑의 연구가 레비-스트로스의 연구와 다른 것은, 우선 뒤랑에게 있어서 신화라는 것은 인간의 원초적인 상상력의 진정한 활동이며 원초적 인간 정신활동의 보편적인 표현양식이라는 것이다. 이 신화라는 것은 언어를 통해서, 즉 시라든가 문학이라든가 종교적인 담화를 통해서 표현될 수도 있지만 시각적으로도 가능하고 공간적으로도 표현이 가능하다. 다시 말해 시각적으로 회화적이라든가 색채적이라든가 아니면 회화적 이야기를 통해서도 표현이 가능하다는 것이다.

두 번째로 뒤랑이 레비-스트로스와 다른 점은 (상상계의 인류학적 구조라는 저술에서부터 잘 보여주듯이) 뒤랑은 이 상상계라는 범주에 모든 문화적 산물을 포함시켰다는 것이다. 즉, 그의 상상계의 인류학적 구조는 원시 사회에 있어서의 신화만을 연구하는 것이 아니라 현대의 문학이라든가 이 모든 것을 연구 대상으로 포함하는 것이다. 40여 년 전부터 상상계의 연구를 시작한 질베르 뒤랑에게서의 상상계 개념은, 우선 레비-

스트로스의 형식적 구조주의보다는 훨씬 더 심오한 의미를 지닌다. 둘째, 뒤랑의 신화의 개념은 훨씬 더 역동적이고 광범위해지며, 따라서 질베르 뒤랑의 신화 분석 대상은 언어적인 것, 시각적인 것을 모두 포함하는 보다 광범위한 것이 된다.

의미의 물줄기(Bassin sémantique)

최근 이십여 년 동안의 질베르 뒤랑의 연구에서 가장 중요한 것은 문화적이면서 예술적인 상상계의 변화를 연구하는 것이다. 이를 통해 뒤랑은 그러한 상상계의 변화가 주기적이며 리듬을 갖고 있다는 것을 보여주고 있다. 체계적으로 한 시대의 예술작품, 문학작품을 분석해보면 한 시대를 풍미하는 일정한 지배적인 구조가 있다는 것을 알게 된다. 물론 이 지배구조가 한 시대를 완전하게 전반적으로 지배한다는 것은 아니지만, 적어도 상당한 지배력을 지니고 있음은 분명하다. 그 시대의 상상계는 바로 그 지배적 구조의 변주들로 풍요롭게 채워진다. 질베르 뒤랑에 따르면 우리는 완전하게 이미 존재했던 어떤 신화의 흔적을 쫓아가 재현하는 것이 가능하다고 한다. 그럼으로써 지배적인 신화가 어떻게 순열되어가고, 그 반대편에 있었던 지배적이지 못했던 신화가 어떻게 다시 지배적인 신화가 되는지를 관찰할 수 있다고 한다.

질베르 뒤랑의 이러한 유익한 방법론은 '강'이라는 은유적 표현을 빌어 구체화된다. 강이 형성되어 사라질 때까지의 느린 과정은 다음과 같이 살펴볼 수 있을 것이다. 우선 원천으로 서의 샘이 존재하고, 작은 물줄기들이 스며 나와 합류해서 지류를 이룬 후, 이어서 강을 형성하고 이름을 얻게 된다. 그리고는 연안을 구획하고 델타를 형성한 후 이윽고 사라진다. 예술작품, 문학, 미술, 영화 등을 통해 나타나는 한 시대의 지배적 상상계는 바로 이러한 강의 흐름에 비유하여 설명할 수 있다. 하지만 앞으로 거슬러 가면 강이 형성되기 이전 형태의 준비 과정이 있다. 즉, 이미지가 스며 나오는 단계로서, 더 먼 샘에 그 근원을 두고 있으며, 강의 앞으로의 길을 예비하는 단계이다. 그러나 눈을 뒤로 돌리면 제 할 일을 다 한 강이 이제는 사라져 새로운 상상계에 자리를 내주는 모습을 상정할 수 있다.

뒤랑은 이 강의 흐름을 스며 나옴(ruissellement), 분수기(分水期) 혹은 지류(partage des eaux), 합류기(confluences), 강의 이름 (nom du fleuve), 연안구획(aménagement des rives), 곡류와 삼각 주 곡류(méandres et deltas)의 여섯 단계로 나눈다. 그 각각에 대한 설명을 살펴보자.

1. 스며 나옴 : 하나의 주어진 문화 환경 내에서 여러 흐름들이 형성된다. 그것들은 때로는 과거의 먼 시기에 사라졌던 옛 의미의 물줄기가 소생해 나온 것이기도 하며, 어떤 경우에는 그러한 흐름이 어떤 역사적 상황들(전쟁, 침입, 사회적 혹은 과학적 사건 등)로부터 태어나기도 한다.

2. 분수기 : 물줄기들이 결합하여 당파, 학파, 사조를 이루고 다른 방향성을 가진 흐름들과 서로 맞서는 현상을 빚는다. 이 단계가 상상계의 체제들이 싸움을 벌이고 대립하는 단계이다.

3. 합류기 : 하나의 큰 흐름이 형성되려면 흐름들을 모으게 할, 이미 자리를 잡고 있는 권위나 영향력 있는 인물의 인정과 뒷받침이 필요하다.

4. 강의 이름 : 전설적인 일화 등에 힘입은 하나의 신화 혹은 하나의 이야기(역사)가, 그 의미의 물줄기를 전형적으로 보여주거나, 하나의 명칭으로 대신해 보여줄 수 있는 실제 혹은 가공의 인물을 만들어내는 시기이다.

5. 연안구획 : 양식적, 철학적, 합리적 공고화가 이루어진다. 바로 제2의 창건자 혹은 이론가의 시기이다. 때로는 범람 현상이 일어나 그 흐름의 몇몇 전형적 성격들이 지나치게 과장되기도 한다.

6. 곡류와 삼각주 곡류 : 곡류와 변이들이 형성되는 시기이다. 세력이 약해진 물줄기는 여럿으로 나뉘어 이웃해 있는 흐름들 속으로 흡수되어버린다.

이 여섯 단계는 서로 확연히 구분되는 것이 아니라 다른 흐름들과 공간적으로 뒤섞여 있다. 즉, 한 물줄기의 철학적 연안 밑에 다른 물줄기의 스며듦이 겹쳐 있고, 물이 말라버린 델타 아래에는 다가올 강의 지류 단계가 겹쳐 있다. 뒤랑은 이러한 방법으로, 서구의 최근 두 세기의 상상계를 분석한 바 있다.

뒤랑은 19세기와 20세기의 서양이 프로메테우스와 디오니소스, 그리고 최근에는 헤르메스라는 세 신화의 구조가 이어져 지배해왔다고 지적한다. 알다시피 그리스의 신 프로메테우스는 인간에게 불, 즉 기술을 전달해준 신으로서, 인간을 자연에서 멀어지게 하고 인위적인 것들과 친근하게 만들어준 신이다. 19세기 유럽의 문학과 회화들에서 프로메테우스적 신화들을 쉽게 찾아볼 수 있는바, 이 시기의 유럽은 바로 근대성(modernité)의 시기이며, 산업적으로 발달과 진보가 이루어진 시기이다. 그런데 이러한 기술적인 근대성은 바로 낮이라는 상상계를 통해 표현된다고 볼 수 있다. 이것은 인간과 자연의 분리라든가 대항이라든가 전투적인 이미지로 나타난다. 그런데 몇십 년 동안 유럽을 통제하던 프로메테우스의 상상계는 이제 피곤해지고 흩어져서, 새로운 상상계에 자리를 내주게 된다. 그래서 1950년대와 1960년대의 유럽의 상상계라는 것은 디오니소스의 상상계로 불릴 수 있다. 디오니소스야말로 소비 사회의 신이라고 볼 수 있는데, 각종 도시의 폭력이라든가 1970년대 사회 내의 혼란이 횡행했던 시대가 바로 디오니소스의 시대이다. 뒤랑에 의하면 약 20년 전부터 이제는 아마도 교환과 소통과 순환의 신인 헤르메스가 지배하는 새로운 국면을 맞고 있는 것이다.

다시 말해, 뒤랑에 의하면 인간 정신의 온갖 표현들은 서로 격리되어진 상태에서 나타날 수 없다. 따라서 문학과 회화가 격리될 수 없고 회화와 정치적 신화가 격리되어 표현될 수 없다. 즉, 문화적 정체성이라든가 미학적 일관성이라든가 하는 것들이 어떻게 진행되었는지를 이해하기 위해서는 우리의 상 상계 구조의 진화, 변모 과정을 이해해야 하는 것이다. 단순히 회화라는 것이 독자적 회화사를 가지고 있고, 문학이라는 것 이 독자적 문학사를 가지고 있다라고 간주할 수는 없다. 그런 작품들을 생산해낸 개인 표현 중에는 어떤 집단적인 정신 상 태의 표현이 따르기 때문이다.

뒤랑은 그러한 작업을 통해 합리성, 즉 합리적인 것은 단수 (單數)가 아니라 복수(複數)라는 것, 또한 그러한 합리성은 서 구에서 전통적으로 가꾸어왔던 합리성의 개념과는 다르다는 것을 밝혔다. 우리가 질베르 뒤랑의 견해에 동의할 때, 우리는 상상계라든가 신화라든가 상징적 세계라든가 하는 것들이 현 대의 과학적이고 개념화된 사회와 대립되는 것이 아니라고 말 할 수 있게 된다. 합리적인 담화 혹은 사고 같은 것 역시 낮의 요소에 속하는 것이 있고, 밤의 요소에 속하는 것이 있다. 혹 은 통합적인 요소에 속하는 것도 있다. 따라서 이성이라는 것 자체가 복수라는 결론이 나오게 되는 것이다. 뒤랑은 상상계 와 합리성 사이에 진정한 대립 상태가 존재하지 않는다라고 믿음으로써, 과학적인 것과 상상계적인 것이 대립된다고 보았 던 바슐라르를 뛰어넘게 된다. 이성이 상상력과 대립되는 것 이 아니며, 우리가 흔히 생각하듯이 상상력과 반대로 유일하 게 진리를 보장해주는 것이 아니라는 사실, 합리성도 그 자체 로 복수라는 사실을 인정하는 것은 결국 역으로 상징의 전통,

신화의 전통이 새로운 가치를 부여받고 재활성화되어야 한다
는 것을 의미한다.

　사실상 질베르 뒤랑의 큰 업적은 우리에게 문학이나 예술
의 깊은 분석 방법론을 제시해주었다는 데에만 있는 것이 아
니라 전통과 근대, 이성과 신화 및 상상력을 대립적으로 보지
않을 수 있는 진정한 예지를 우리에게 보여주었다는 데 있다.
인간 정신의 풍요로움은, 인간 표현이 상이한 결정면을 통해
나타날 때만, 서로 상이한 선율을 가지고 다양하게 표현될 때
만 나타날 수 있다. 결국 앞으로 다음 시대의 모든 사회가 봉
착하게 되는 여러 가지 문제에 대해 뒤랑이 중요하게 생각하
는 것은 서로 다른 요소들을 대립시키는 것이 아니라 조화 상
태에 두는 것이며 그 균형감각을 되찾는 것이다.

상상계와 미술

제욱시스의 거울

일반적으로 서양의 회화를 현대적으로 그리고 최소한으로 정의한다면 "색채들이 모여서 어떤 질서를 이루고 있는 하나의 평평한 표면"이라고 할 수 있을 것이다. 이 평평한 표면이라는 표현이 암시하듯이 서양 미학에서는 회화를 오래전부터 거울이라는 은유에 비교하여왔고, 일반적으로 '거울'의 논리학과 현상학은 두 개의 가능성을 제시하여왔다. 그 첫째는 인간의 작품은 우주를 반영한다는 모방론이다. 둘째는 우주와 그 재현이 깊은 거울에서처럼 인간의 감정들, 욕망들, 정열들을 반영한다는 일종의 표현론이다. 이 모방론과 표현론은 서양의 이원론적 구도 속에서 서양 미학의 핵심을 이루어왔다. 그러나 뒤랑에 의하면 세 번째의 거울이 존재한다. 세 번째는 어린 시절의 장난감인 만화경이나 혹은 거울로 이루어진 방 속에서의 거울처럼, 거울을 비추어주는 거울이다.

1989년 발표한 『예술과 원형들 Beaux-arts et Archétypes』 속에서 뒤랑은 세 가지 거울에 각각 제욱시스, 피그말리온, 나르키소스라는 신화적인 이름을 명명했다. 그리고 이 세 개의 원형적 거울을 통하여 서양의 미술사를 분석하고 있다. 그 중 특히 프랑스의 예술을 제욱시스의 거울이라는 은유를 통하여 분석하고 있다.

제욱시스는 5세기경의 그리스 화가로서 플리니우스(Pline l'Ancien)의 『박물지 Histoire naturelle』에는 그에 관한 일화가 전해온다. 그 내용은 다음과 같다. 제욱시스가 포도넝쿨을 그렸더니, 참새들이 포도송이를 따먹으러 달려든다. 이를 본 파라시오스는 그 정도는 자기도 할 수 있다면서 제욱시스를 자기 아틀리에로 초대한다. 아틀리에에 도착한 제욱시스가 그에게 그림을 덮은 막을 치우라고 말한다. 알고 보니 그 막이 그림이었다. 제욱시스는 "나는 참새의 눈을 속였지만, 자네는 나를 속였으니까"라고 고백하며 패배를 인정했다. 이와 같은 일화의 밑바탕에는 우리들은 지각을 통해 하나의 실재를 만지고, 맛보고, 듣고, 볼 수 있다는 미학이 깔려 있다. 특히 아리스토텔레스의 『시학 Poétique』을 통하여 '미메시스(mimésis)'라는 개념이 유럽 미학의 핵심을 이루어왔다. 철학적으로 보면 감각의 중요성을 강조하는 영국의 경험주의자들이나 혹은 지각 그 자체보다는 지각을 통하여 지각된 모델의 중요성을 강조하는 대륙의 합리주의자들이나 둘 다 모두 예술에 대한 개인의 취향과 예술작품에 대한 감수성을 지각적이거나 혹은 이상적인 진리에 종속시키려고 노력하여왔다. 그들에게는 진리의 실증성이나 심각함 그리고 진리의 순수성이 아름다움에 대한 사람들의 열광이나 예견할 수 없는 미의 불규칙성보다 항상 우위를 차지하여왔다. 이 태도가 그리스-로마 시대부터 유럽 예술의 특징을 이루어왔다고 할 수 있다.

뒤랑은 이 제욱시스의 거울(miroir de Zeuxis)이라는 원형을 '자연주의(naturalisme)' '사실주의(réalisme)' 그리고 '인상주의(impressionnisme)' 등 다양한 이름으로 부르고 있다. 이 자연주의의 장소는 현재의 프랑스와 네덜란드를 포함하는 프랑스-부르고뉴 공간이며, 이들의 사상적 바탕에는 프란체스코주의가 있다. 성 프란체스코의 정신이 미학적으로 완성된 것은 바로 고딕 지역에서이다. 이탈리아의 조토(Giotto)가 비잔틴 예술의 굴레로부터 형태를 해방시킨 것은 사실이지만, 자연을 창조의 반열에까지 오르게 한 것은 랭부르(Limbourg) 형제와 반 아이크(Van Eyck) 회화의 공이 크다고 할 수 있다.

이를 역사적으로 살펴보자. 13세기에 이르러 루와르와 에스코 강 사이에서 고대의 사실주의, 즉 '프랑스 스타일'이라 불리는 고딕 식 사실주의가 나타난다. 우선 샤르트르(Chartres)와 생드니(Saint-Denis)와 상스(Sens)의 성당이 세워졌고, 이어서 느와

용(Noyon, 1150), 상리스(Senlis, 1153), 라옹(Laon, 1160), 파리 (Paris, 1163)의 성당들이 이어졌으며, 끝으로 부르주(Bourges, 1185)에 성당이 세워졌다. 죠르주 뒤비(G. Duby)가 '성당의 시대(le temps des cathédrales)'라고 부른 이 시대는 로마의 어떤 엄격함에 대해 거부하는 시대이다. 바로 자연에의 열림과 빛을 향한 큰 스테인드글라스의 기술적 가능성 속에서 14세기 말에서 15세기에 걸쳐 '자연주의'가 자리잡게 된다. 중세는 스테인드글라스의 전성기이다. 이 스테인드글라스의 개발로 인해서 고딕의 둥근 천장과 계속해서 더 높이 올려지는 벽을 뚫어 떠받치는 시스템이 가능하게 된다. 스콜라철학에서 발견되는 빛의 철학, 즉 빛이 들어오는 벽이 있는 대성당은 천국의 예루살렘을 옮겨다놓은 것이라는 사상이 스테인드글라스를 통해 빛난다. 또한 랭부르 삼형제와 그 후계자인 장 콜롱브(J. Colombe)를 통하여 '채색 수사본의 왕'이라고 불리는 「베리 공작의 풍요로운 시절 Très riches heures du duc de

사르트르 성당의 스테인드글라스.

랭부르 형제 작, 「베리 공작의 풍요로운 시절」 중 2월.

Berry」이 완성된다.

특히 14세기, 즉 1364년부터 '선량왕 장(Jean le Bon)'의 아들인 '대담왕 필립(Philippe le Hardi)'의 유산에 의해 부르고뉴 공국의 복귀가 시도되었다. 이때부터 끊임없는 프랑스-부르고뉴의 경쟁이 개화되었다. 그리고 15세기의 '선량왕 필립(Philippe le Bon)' 때부터 공국에 플랑드르, 아르투와, 브라반트, 랭부르크, 애노, 젤란드, 프리즈, 그리고 네덜란드가 귀속되어 프랑스-플랑드르 경쟁이 나타난다. 그 결과 15세기 말까지 부르고뉴 공국은 서유럽의 가장 강력하고 가장 번영한 국가가 된다. 디종에 있던 이 부르고뉴 공국의 궁정에서 플랑드르의 화가들, 로제 반 데르 바이덴(Rogier van der Weyden), 랭부르 형제들이 작업한다.

프란체스코의 자연주의는 르네상스 시기를 맞아 인본주의에 의한 도시화, 도시적 건물을 찬양하는 이탈리아의 장식주의와 독일 지역에서 나타난 종교 개혁의 우상파괴 운동에 의해 약화되어간다. 그러나 그 후 프랑스 사실주의 대륙은 역설적으로 베르사유를 중심으로 하는 '고전주의적 이상(idéal classique)'에 의해서 그리고 17, 18세기에는 파리에서 활동하던 페로(Perrault)와 앙쥐 가브리엘(A. Gabriel)의 쇠퇴 후에 더욱 굳어진다. 베르사유의 화려함이 결코 이탈리아 식 장식주의의 극단으로 가지는 않는다. 이것은 루브르의 주랑(柱廊) 계획에 있어서 프랑스의 페로와 이탈리아의 베르니니(Bernini) 사이의 싸움이 결국 프랑스의 페로의 승리로 끝난다는 사실이 증명한다. 사실주의적 가족으로 분류할 수 있는 것은 궁정의 장식가들, 르브랭(Le Brun)의 작품, 리고(Rigaud), 샹패뉴(Champaigne), 그리고 르냉(Le Nain) 형제나 우드리(Oudry), 혹은 데포르트(Desportes) 등의 진실주의적 화가들이다. 이것이 샤르댕(Chardin)의 작은 주제들과 다비드(David)의 큰 작품 사이의 은밀한 연결점이 될 것이다. 이와 같은 설명을 통해 뒤랑은 17세기와 18세기 프랑스 예술의 특징을 궁정 예술가들의 역사적 사실주의와 정물화로 규정하고 그 둘 사이의 공통적인 특징을 진리주의라고 설명한다.

마찬가지로 프랑스 자연주의의 지리적 특성은 이탈리아의 매너리즘과 독일의 바로크적 침입에 잘 저항하였다. 또한 지리적 특성과 더불어 반혁명적 그리고 반나폴레옹적인 유럽의 결합에 직면하여 도움을 주기 위해 나타나는 프랑스의 민족주의적 운동은 대혁명과 제정의 적이자 이웃 독일에서 일찍이 발달한 낭만주의적 흐름에 저항한다. 신고전주의는 정치적, 군사적 산-사실주의의 힘을 얻어 다비드와 그로스(Gros) 백작, 지로데

슈브렐.

(Girodet)와 함께 유지된다. 모든 작품을 정직하게 제작하려는 앵그르(Ingres)가 쉽게 이 진리주의의 뒤를 잇고, 세기말까지 라페(Raffet)와 메소니에(Messonnier)의 군사적, 쿠르베(Courbet)와 밀레(Millet), 도미에(Daumier)의 자코뱅적인 저항이 나타난다. 그후 프랑스 지역에서는 인상주의가 개화한다. 마네(Manet)의 회화적 특성은 유명한 인상주의가 사실주의학파의 진리주의의 과학적 세련됨에 불과하다는 사실을 보여준다. 도비니(Daubigny), 코로(Corot), 네덜란드의 용킨드(Jonkind), 초기 시슬레(Sisley), 초기 피사로(Pissarot)의 작품에서는 여전히 자연의 자취가 남아 있지만, 인상주의의 사실주의적이고 과학적인 의도는 모네(Monet)의 인상주의에 이르러 두드러지게 나타나고, 이 화가들

은 화학자 슈브렐(Chevreul)의 이론을 자신들의 작품 속에 수용하였다. 제욱시스의 거울이 가장 현대적인 시각에 의해 사용된 것이다.

문학과 미술의 만남

우리에게 『젊은 베르테르의 슬픔』과 『파우스트』의 저자로 잘 알려진 독일의 시인 괴테는 1810년 『색채론 Farbenlehr』을 출간한다. 괴테는 1791~1792년에 이탈리아 여행에서 돌아와 색채에 대한 꾸준한 관심을 표명했으며, 1832년 그가 죽는 해까지 『색채론』을 그의 문학작품 전체보다 가치 있고 장래성이 있는 자신의 역작으로 간주하였다.

괴테의 『색채론』은 총 2권 3부로 이루어져 있다. 제1권의 1부는 색채의 '교육적인 부분'이며, 2부는 뉴턴의 광학이론에 대한 '논쟁적인 부분'이다. 그리고 제2권 전체를 이루는 3부는 '역사적인 부분'으로서 고대에서 근대에 이르기까지 색채에 대한 역사적 고찰을 담았다. 괴테의 색채이론에서 많은 논쟁을 야기하는 부분은 바로 이 뉴턴에 대한 반대 의견이다. 1704년 뉴턴은 『광학 Opticks』에서 빛은 나누어지고 통합할 수 있으며, 색채는 바로 이 빛의 분할의 결과, 즉 스펙트럼을 통하여 일곱 가지 색이 존재한다고 하였다. 괴테는 이에 반대하여 색채는 자연광 상태에서 보이는 여섯 가지만 존재한다는 이론을 제시하고 색채를 밝음과 어두움의 관계로 본다. 노란색은 흰색이

어두워졌을 때 나타나는 색이며 파란색은 검은색이 밝아졌을 때 나타나는 색이라고 주장하며, 색채가 정신에 미치는 긍정적인 효과와 부정적인 효과를 설명한다. 괴테는 빛은 합성된 것도 아니고 분할될 수도 없으며 색채들은 빛 속에 존재하지도 않는다고 말한다. 그는 또한 색채가 나타나는 원인을 찾는 것이 문제가 아니라 그것이 나타나는 조건들을 살펴보아야 한다고 주장한다. 괴테의 색채이론은 괴테가 말하는 원초적 현상(Urphänomen)에 이르는 다양한 길들을 모색하고, 그 길의 자취를 살펴보고, 그 조건들을 규명하는 것이다. 괴테는 있는 그대로의 빛이나 색채의 본질을 규정하기를 원한 것이 아니라 경험적인 관점, 즉 색채가 주는 감각에 주의하면서 그들의 관계에 관심을 가진다. 괴테의『색채론』은 물리학적으로 입증되지는 못했으나, 실제로 경험에 의거한 색채에 대한 괴테의 관심은 뒤따르는 이론가와 예술가들을 자극하게 된다. 독일어권에서는 그의 제자인 생의 철학자 쇼펜하우어가 그의 연구를 뒤이어『시각과 색채에 대하여』(1816)를 출간했다.

20세기에 이르러서 그의 이론은 바우하우스의 미술가들, 파울 클레, 요하네스 이튼 그리고 칸딘스키에 의해 다시 부활한다. 그리고 화가이자 터너(Turner)의 친구인 찰스 로크 이스트레이크(C.L. Eastlake)에 의해 괴테의 글이 1840년 영국에서 번역되자, 터너는 1843년 괴테의 색채론에 영향을 받은 두 폭의 그림「그림자와 어둠-대홍수의 저녁」과「빛과 색채-대홍수 이후의 아침-모세가 창세기에 기록하다」를 완성한다.

독일의 대문호 괴테가 미술에 대한, 특히 색채에 대한 글을 남긴 것은 현대의 우리들에게도 시사하는 바가 많다. 우리는 이미 문학에 있어서 상상력이론을 살펴보면서 보들레르의 미술비평에 대해 검토한 바 있다. 프랑스에서 보들레르 이후 문학과 미술의 만남은, 미술비평이란 장르를 통하여 점차 확대된다. 특히 보들레르와 현대 회화의 시작을 알리는 마네와의 친교는 1858년부터 시작되어 시인이 죽는 1867년까지 계속된다. 마네는 「튈르리 공원의 음악회」(1862)에서 보들레르를 등장시키고, 『악의 꽃』에서 관능적인 여인을 묘사하는 시에 영감을 준 보들레르의 정부 '검은 비너스' 쟌느 뒤발(J. Duval)의 초상화 「비스듬히 누운 보들레르의 정부」(1862)를 완성한다. 그에 상응하여 보들레르는 스페인 무용수를 그린 마네의 「롤라 드 발랑스」(1862)에 착상을 얻은 동명의 시를 쓴다. 또 「버찌를 든 소년」(1859)에 등장하는 마네의 화실에서 밧줄로 목을 매어 자살한 채 발견된 젊은 모델에서 영감을 받아 산문시 「밧줄」(1864)을 쓴다. 마네의 초기 작품만을 보고 인상주의 작품을 평가하지 못한 채 1867년 죽은 보들레르의 뒤를 이어, 마네와 인상주의를 옹호한 작가는 졸라와 말라르메이다.

자연주의 소설가로서 『루공-막카르 전서』를 출간하고 1898년 드레퓌스 사건 때 「나는 고발한다」라는 명문으로 프랑스 참여 지식인의 면모를 보여준 졸라와 화가 세잔과의 관계가 1886년 발표한 졸라의 소설『작품 L'oeuvre』을 계기로 소원해졌다는 사실은 우리에게 이미 잘 알려져 있다. 졸라는 1866년부터「나의 살롱평」에서 시작하여 2년여에 걸쳐 마네를 옹호하고, 마네는 그의 글에 보답하기 위하여 초상화「에밀 졸라」(1868)를 그린다. 그 후 30년간 동시대의 미술을 옹호한 졸라가 가장 강조한 것은 작가의 기질(tempérament)이다. "하나의 예술작품은 어떤 기질을 통해서 본 우주의 한 측면이다"라는 그의 명제는 당시 미술에 대한 그의 예술관의 변화에도 불구하고 변함없이 나타난다. 졸라의 미술비평에서 가장 많이 등장하는 용어는 '기질' '진리' '개성' '삶'이란 단어들이다.

마네와 세잔이 친하지 않고 모네와 드가, 르느와르와 피사로 사이의 은밀한 경쟁관계가 있다는 사실 등 개인적으로 인상주의자들을 너무나 잘 알고 있었던 졸라는 인상주의에 대해 점차로 초기의 의견과는 다른 의견을 갖는다. 졸라가 인상주의 화가들에 대해 반감을 갖게 된 것은 모네나 드가 같은 화가들이 당연히 누려야 할 권리에 대한 것이 아니라 점차로 성공을 거두어 아카데미즘에 빠져드는 인상주의 때문이었다. 특히 소설『작품』때문에 세잔뿐만 아니라 인상주의 화가들과 관계가 멀어진 졸라는 인상주의가 하나의 학파로 인정받기 시작하던 1896년에는 모든 사람들이 인상주의의 모방자들이라는 인상주의에 대한 격렬한 반론을 펼치기도 한다. 인상주의 화가들의 특성을 간략하지만 투명한 언어로 묘사한 사람은 시인 말라르메이다.

상징주의 시인, '저주받은 시인'으로서 베를렌느와 위스 망스에 의해 세상에 알려진 말라르메는 보들레르, 졸라와 비 교해볼 때 많은 미술평을 남기지 않았다. 그러나 1873년 마 네와의 첫 만남 이후 말라르메는 화가로서 그리고 자신이 존경하던 보들레르의 친구로서 마네가 죽을 때까지 깊은 교 분을 나눈다. 1875년 마네는 말라르메를 위하여 에드가 알 란 포의 「까마귀」 번역시의 삽화로 들어간 동판화 작업에 참여하고, 말라르메는 마네를 위하여 영국의 조그만 잡지에 「마네와 인상주의 화가들」을 영어로 발간한다. 그 뒤 마네 는 1876년 죠르주 바타이유가 "두 위대한 정신의 우정으로 광채를 발하는" 그림이라고 평가한 「스테판 말라르메」(1876) 를 완성한다.

20세기의 다양한 미술 운동은 색채의 해방을 더욱 가속화 시킨 듯이 보인다. 추상 미술의 등장과 입체파 그리고 표현주 의 미술 등이 그것이다. 프랑스의 현대시인들 중 이브 본느프 와, 앙드레 뒤 부셰, 끌로드 에스떼방, 베르나르 노엘 등이 회 화에 대한 글쓰기를 추구하는 것은 포스트모던의 시대에 회화 를 구성하는 색채와 데생의 힘을 시적 문체 속에 재위치시키 고자 한 노력들의 일환이라고 할 수 있다. 각각의 시인들은 추 상 미술에서 태동된 개념의 추구와 함께 색채 그 자체에 대한 의문을 제기한다. 그들은 화가의 창조 행위를 의식하면서 최 초로 미술작품을 접했을 때 느끼는 충격을 자신의 시적 논리 속에서 글쓰기로 변화시켜 표현하고자 한다. 그러나 TV와 비

디오, 그리고 컴퓨터의 범람으로 인한 가상현실 속에서 사는 현대인들에게 있어서 인공적인 색채가 아닌 진정한 의미의 색채는 존재하는가? 포스트모던 시대를 살고 있는 현대인들은 빛과 색채의 홍수에 눈이 멀어버려 방랑의 길을 떠나는 새로운 오이디푸스는 아닌가? 개념 미술과 설치 미술의 한가운데에서 문학은 어떠한 위치를 차지하는가? 빠르게 진전되는 새로운 세기의 문턱에 많은 미학적 질문들이 제기되고 있다. 상상력의 문화는 이 많은 질문들에 어떻게 대답할 것인가?

참고문헌

1. 가스통 바슐라르의 저서

Essai sur la connaissance approchée, Paris, Vrin, 1928.

Etude sur l'évolution d'un problème de physique : La propagation thermique dans les solides, Paris, Vrin, 1928.

Le Nouvel esprit scientifique, Paris, P.U.F., 1934.

La Formation de l'esprit scientifique : Contribution à une psychanalyse de la connaissance objective, Paris, Vrin, 1938.

La Psychanalyse du feu, Paris, Gallimard, 1938, rééd., 1966.

La Philosophie du non, Paris, P.U.F., 1940.

Lautréamont, Paris, José Corti, 1940.

L'Eau et les rêves : Essai sur l'imagination de la matière, Paris, José Corti, 1942, rééd.,1979.

L'Air et les songes : Essai sur l'imagination du mouvement, Paris, José Corti, 1943, rééd., 1985.

La Terre et les rêveries de la volonté : Essai sur l'imagination des forces, Paris, José Corti, 1948.

La Terre et les rêveries du repos : Essai sur les images de l'intimité, Paris, José Corti, 1948.

Le Matérialisme rationnel, Paris, P.U.F., 1953, rééd., 1980.

La Poétique de l'Espace, Paris, P.U.F., 1957.

La Poétique de la rêverie, Paris, P.U.F., 1961, rééd., 1974.

La Flamme d'une Chandelle, P.U.F., Paris, 1961.

Fragments d'une poétique du feu, Paris, P.U.F., 1988.

2. 질베르 뒤랑의 저서

Les Structures anthropologiques de l'Imaginaire : Introduction à l'Arché typologie générale, Paris, Bordas, 1960, rééd., 1969.

Imagination symbolique, Paris, Quadrige/P.U.F., 1964, rééd., 1989.

Science de l'Homme et Tradition : Le Nouvel Esprit Anthropologique, Paris, L'Ile Verte/Berg International, 1975, rééd., 1979.

Figures mythiques et Visages de l'Œuvre, Paris, Berg International, 1979.

L'Ame tigrée, Paris, Denoël, 1980.

Beaux-arts et Archétypes, Paris, P.U.F., 1989.

L'Imaginaire : Essai sur les Sciences et la Philosophie de l'Image, Paris, Hatier, 1994.

Introduction à la mythodologie : Mythes et Sociétés, Paris, Albin Michel, 1995.

Champs de l'Imaginaire, Grenoble, Ellug, 1996.

3. 연구서 및 번역서

샤를르 드바쉬 & 장마리 퐁티에, 『프랑스 사회와 문화 I, II』, 서울대학교 출판부, 2004.

서울대학교 불어문화연구소, 『프랑스 하나 그리고 여섯』, 도서출판 강, 2004.

송태현, 「질베르 뒤랑의 원형 개념 연구」, 『프랑스학연구』, 프랑스 학회 편, 2002 봄.

_____, 「뒤랑의 바슐라르 비판」, 『불어불문학연구』, 한국불어불문학회, 2003 가을.

유평근·진형준, 『이미지』, 살림, 2001.

이브 미쇼, 강주헌 옮김, 『문화란 무엇인가? 1, 2』, 시공사, 2003.
질베르 뒤랑, 진형준 옮김, 『상상력의 과학과 철학』, 살림, 1997.
_____, 유평근 옮김, 『신화비평과 신화분석』, 살림, 1998.

프랑스 문화와 상상력

| 펴낸날 | 초판 1쇄 2004년 6월 15일 |
| | 초판 3쇄 2013년 4월 19일 |

지은이	박기현
펴낸이	심만수
펴낸곳	(주)살림출판사
출판등록	1989년 11월 1일 제9-210호

주소	경기도 파주시 문발동 522-1
전화	031-955-1350 팩스 031-955-1355
기획 · 편집	031-955-4662
홈페이지	http://www.sallimbooks.com
이메일	book@sallimbooks.com

| ISBN | 978-89-522-0242-0 04080 |